桜は見ている

佐渡市合併てん末記

両津市岩首地区住民説明会
(平成 13 年5月 28 日　岩首多目的研修センター)

住民投票条例廃止を求める直接請求署名
(平成 14 年1月 27 日　両津市)

新庁舎の位置をめぐり起立採決により金井町に決定・検討協
(平成 14 年 10 月3日　佐和田町中央会館)

佐渡市町村合併協議会 (法定協) 設置共同記者会見
(平成 15 年1月7日　新潟県庁)

齊藤和夫佐和田町長辞職に伴う町長選挙に当選した中川修氏
(平成 15 年1月 26 日)

第1回佐渡市町村合併協議会 (法定協)
(平成 15 年1月 27 日　新穂村トキのむら元気館)

法定協議会に佐和田町が加入し平山新潟県知事に届出
（平成 15 年3月 14 日　新潟県庁）

川上新潟県副知事を囲み佐渡市町村合併調印式
（平成 15 年6月 28 日　金井町民会館）

「真野町よ永遠なれ」閉庁を記念に石碑を建立
（平成 16 年2月 15 日　真野町）

市町村合併前夜 800 人が集まってカウントダウン
（平成 16 年2月 29 日　金井町 JA 佐渡カントリーエレベーター前広場）

佐渡市開庁式　あいさつを行う小田初太郎市長職務執行者
(平成 16 年3月1日)

佐渡市役所銘板除幕式
(平成 16 年3月1日)

佐渡市開庁式　電算システム稼動式
(平成 16 年3月1日)

第1回佐渡市長・市議会議員選挙ポスター　市議選は定数 60 人・立候補者 76 人
(平成 16 年4月 18 日投開票日・元金井小学校跡地)

定数 60 人最後の佐渡市議会定例会
(平成 20 年3月 21 日　佐渡市議会議場 (佐渡中央会館))

※新潟日報社提供写真 (3ページ写真上下、 4ページ写真上、 7ページ写真下、 8ページ写真下)

発刊を祝して

佐渡市長　渡辺　竜五

佐渡市誕生から20周年という節目となる令和5年度において、「桜は見ている」（佐渡市合併誌）が発刊されますことを、心からお喜びを申し上げます。また、コロナ禍の中、合併誌の編さんに並々ならぬご尽力をされました「桜は見ている」編さん委員会の皆様方のご努力、ご労苦に敬意を表します。

さて、平成の大合併により、平成16年3月1日に島内10市町村による大規模な対等合併で誕生した佐渡市は、「豊かな自然、薫り高い文化　活気あふれる新しい島づくり」を新市建設計画の基本理念とし、充実した生活基盤、魅力ある就業環境、人が輝く交流促進の3つの目標を掲げて、まちづくりを推進してまいりました。

一方、合併前から四半世紀にわたり取り組んできた佐渡金銀山の世界文化遺産登録は、まもなく実現に向けた正念場の時を迎えようとしています。

また、近年では有人国境離島法や改正離島振興法に基づき、航路運賃の低廉化や輸送コストの支援、雇用機会の拡充、定住・交流の促進等の各種施策が実施されるなど、改めて離島の維持・振興が重要であることが示され、移住・定住者や起業家などの多様な人が活躍できる島づくりを進めているところです。併せて、ＳＤＧｓ未来都市や脱炭素先行地域等の国からの選定を受け、佐渡や日本だけでなく世界の先進地として持続可能な島づくりにも挑戦しています。

この度発刊される合併誌は、あらためて佐渡市誕生までの変遷を学び、たくさんの議論を重ねることにより、未来の島をつくる礎になるものと期待しております。

結びに、島の発展のための基礎を築いてこられた全ての方々にあらためて深く感謝と敬意を表しますとともに、本誌の刊行を心からお祝い申し上げます。

発刊によせて

佐渡市議会議長　近藤　和義

平成16年3月1日、新生「佐渡市」が誕生し、第1回佐渡市議会臨時会が4月28日から5月7日の間、議員定数60人により開催されました。

私は、会派制もない、穏和な旧金井町議会の議員を4期経験していましたが、この市議会の激しさに大きなカルチャーショックを受けると同時に、このような議会に送り込んで頂いた市民に感謝と御礼を申し上げたことが、つい昨日のように思い出されます。特に、旧両津市の議員の言動を目の当たりにして「これは面白い議会だ！」と感動したことを覚えています。

私は、当時の議会で新市建設計画等調査特別委員会の委員長に選出されました。合併に至る過程にもいくつかの大きな紆余曲折がありましたが、合併後においてもそれぞれの旧市町村の強い要望があり、新市建設計画を年度毎に整理することは大変困難であり、大きな労力を伴いました。

特に、合併協定書の一丁目一番地である最優先項目の「合併後、新たに建設する庁舎の位置は金井町千種沖とする」と明記されているにもかかわらず、旧佐和田町の「一島一市を問う住民投票」や、それに伴う「佐和田町長選挙」等の執念が、一部の旧佐和田町出身の市議会議員にも引き継がれるとともに、「本庁舎建設中止」を表明した市長まで出現しました。その結果、合併19年を経過した本年、やっと念願の本庁舎竣工の運びに至っています。

現在、佐渡市がかかえる最大の課題は来年に予定されている「佐渡島の金山」の世界遺産登録と、ＬＣＣトキエアの東京直行便就航、そして佐渡空港の２０００メートル化は、必ずや大きな佐渡市活性化の起爆剤になるものと確信しますので、市民の皆様と共に全力でこれらに取り組んでまいる所存です。

結びに、本誌発行に際して編集にあたられました関係各位に感謝と敬意を表しますとともに、今後とも佐渡市発展のためにご指導ご鞭撻を賜りますようにお願い申し上げ、発刊によせてのことばと致します。

もくじ

1章 寄稿　私の思い　金井　渡邊和彦／合併の姿　佐和田　浅野彰／人口減　佐和田　若林サカエ　2章 寄稿　佐渡だんらん　真野　内田喜徳　3章 寄稿　合併で相川と言う地名を残せたことについて　相川　大瀬順子／地名変更（当時の思い出）　新穂　本間仁一郎　6章 寄稿　合併後の佐渡（市町村合併そのもの）について　小木　村川辰雄／合併の功罪　畑野　佐々木秀昭　7章 寄稿　両津商店街　両津　小池仁／エコバッグ　両津　渡邉あすか／世界遺産　相川　池田憲司／高齢者の福祉について　金井　仲川昭子／新佐渡空港の建設に期待する　金井　北見啓樹／世界遺産　新穂　本間栄／佐渡市合併記念に寄せて　畑野　市川佳恵／少子化について　羽茂　本間真穂／ケーブルテレビについて　羽茂　山田秀実／合併後の佐渡（観光）について　小木　鈴木弘子／合併のときの話　赤泊　五十嵐幸雄／赤泊地区の地域審議会回想　赤泊　佐藤義弘／支所の変遷と発展に一言　赤泊　本田和子

佐渡市合併までのあゆみ

月	日	事　　　項	
平成11（1999年）年			
7	8	地方分権一括法成立	12.4.1施行
7	16	市町村の合併の特例に関する法律改正	同日施行
平成13（2001年）年			
2	13	県が市町村合併促進要綱作成 佐渡「一島一市」のパターンを示す	
3	14	佐渡市町村会で任意合併協議会の設置提起	
6	22	佐渡市町村合併検討協議会設置 （両津市は正式参加ではなく勉強会名目で参加）	検討協
平成14（2002年）年			
7	19	佐渡市町村合併検討協議会において新市の名称を「佐渡市」に決定	
10	3	佐和田町 佐渡市町村合併検討協議会離脱	
10	31	9市町村で佐渡市町村合併推進協議会設置	推進協
11	15	佐渡市町村合併推進協議会において合併期日を平成16（2004）年3月1日に決定	
平成15（2003年）年			
1	7	佐渡市町村合併協議会設置	法定協
3	8	佐和田町が佐渡市町村合併協議会に加入	
6	28	佐渡市町村合併協定調印式	
6	30	佐渡市町村合併廃置分合各議会議決（～7月1日）	
7	4	佐渡市町村合併廃置分合新潟県知事申請	
11	4	総務省 佐渡市町村合併廃置分合告示	合併決定
平成16（2004年）年			
2	7	各市町村閉庁式（～29日）	
3	1	佐渡市誕生	

プロローグ

暖冬が続き積雪の少ない年が続いていても、佐渡島は北西からの冷たい季節風に容赦なく吹きさらされる。ときには強風と荒波で本土と島を結ぶ定期航路が欠航し2日間も船が動かなくなると、コンビニエンスストアは新潟から運ばれる日用品や食料品の棚も空き、新聞も来なくなる。

そんなときに「あー、島だなー」という実感が湧いてくる。そして冬の終わりを心待ちにする。

やがて3月に入り、桜の花便りが聞こえるころになると、島のあちこちから太鼓の音が聞こえてくる。村の若者たちが各家を門付けし、五穀豊穣を祈願し、悪魔を追い払うという鬼太鼓舞いの練習が始まったのである。

佐渡では、おんでこ・おんだいこ・おにだいこなどと呼ばれている。待ちに待った春祭りが近づいてきたのだ。この太鼓の音が聞こえるころになると、農家は田や畑にと心忙しくなる。

学校では新学期が始まり、新聞紙上では人事異動の記事が多くなる。

そして、真野公園をはじめ島内各地で一斉に桜が満開になる。

合併間もないある日、渡邉庚二佐渡市議会議員が市役所にひょっこり顔を出した。

渡邉市議は合併前は畑野町議で、新潟県議会議員を経て、その後畑野町長にも就任経歴のあるベテラン政治家であり、合併特例法による定数特例で、4年間は新市の市議会議員に在職していた。

「島が一つにまとまった記念に、庁舎前のロータリーに桜の木を植えたらどうだ。日本巨木三大桜の実生から育てたもので、新市誕生にふさわしいものだと思うよ。これから10年、20年、そして50年後には桜の木も大きくなりきれいな花が咲く。私たちがいなくなっても、この桜は佐渡の未来を眺めることになるだろう」

それから数日後、桜の苗木を持参して再び渡邉市議が訪れた。

「ちょっと来てもらえるか。移植にはちょうどいい時期だと思うから、植える場所を決めよう。この桜の苗は、山形県長井市伊佐沢にある久保桜の実生から育てたものだ」

佐渡島に市町村合併の風が吹き始めたのは、地方分権一括法が成立し、合併特例法の改正が行われた平成11（1999）年ころであろうか。

このドラマはそこから始まる。

一島一市を目指して取り組んだ筋書きに、ある町長は「自分の町に新市の庁舎が来なければ仲間から外れる」と発言したり、またある市民は、「住民投票条例があるにもかかわらず、なぜ投票させないのか」と声高に叫ぶとともにその是非を問うたり、ある村民は、「合併前の町村名を、大字名の上に付けたい」と主張するなど、その他いろいろな物語が島内を舞台に繰り広げられた。

本書は、ドラマが起こった順序通りには進んではいない。編集者が気ままに編んだことも一要因だが、予想だにしないドラマが同時多発的に起こり、最初から最後まで騒動が延々と続いたことにも起因するからだ。


あれから間もなく20年。桜の木は大きくなって、祭り太鼓の音が聞こえるころになると、満開の花を咲かせる。

当時、表舞台で大立ち回りを演じた首長や議長も、半数を超える人が鬼籍に入ってしまった。

新しい島づくりをと張り切っていた当時の幹部職員たちもすでに退職し、後期高齢者の仲間入りをする者もいるが、今だ第2、第3の人生を頑張っている人もいる。

島が一つになるための、わずか3～4年の歳月であったが、そこにはいくつもの大きなドラマがあった。しかし、そのドラマも年を経るごとに薄れていく。

「今、このドラマのてん末を記しておかないと」と、年々薄れゆく記憶とは裏腹に、その焦りは増していった。

思いはみな同じだった。髙野宏一郎初代佐渡市長の呼びかけで、新しい島づくりに汗を流していた当時の仲間16人が合流した。

こんな事があった、あんなこともあったと、話し始めたら止まらない。


そして誰かが話した。

「できるだけ、みんなが知らない裏話を、たくさん載せよう。きっと面白くなるぞ…」

ニヤニヤしながら鍋をつつき、地酒を飲み交わした。

※本書は多数の方に執筆いただいております。執筆者の意向を尊重し、可能な限り原文のまま掲載しました。
また文中敬称を略しております。

第1章　佐和田町の執念

第1章1節　齊藤和夫佐和田町長の発言が波紋を呼ぶ

編さん委員　浅井　賀康

新市の庁舎はどこに

佐和田町にとって新市の事務所位置の取り扱いは、町長の交代、合併可否の住民投票にまでの騒動になっていくのである。

齊藤和夫佐和田町長は、佐渡広域市町村圏組合の管理者として、合併の話が浮上したときから常日頃、佐渡の中心は佐和田町であると思っていたのであろうか。

佐和田町でスタートした一島一市の住民説明会でも、「新市の庁舎が佐和田町に来なければ、合併任意協議会からの離脱もあり得る」と発言をしていた。

平成14（2002）年8月1日の住民説明会では、大澤祐治郎佐和田町議長も「町長は、庁舎が来なければ離脱も辞さない覚悟で頑張っている」（平成14年10月10日付新潟日報朝刊）と、合併検討協議会（以下「検討協」という）からの離脱示唆を支持していた。

説明会に参加した町民は、「町長の思いは理解するが、もう少し慎重に言葉を選ぶべきではなかったか」と戸惑いを隠せなかった。

さらに、佐和田町議会も一部の議員は疑問を抱きつつも、「合併協議からの離脱も辞さない」と力説する町長の支援にまとまっていくのである。

議長は町長に対し「離脱するという言葉の意味は重い、もし撤回すればあなたの政治生命は終わりだ」(同日付新潟日報朝刊) とくぎを刺した。

その後、８月12日の検討協の冒頭に、竹内道廣両津市議長から町長の姿勢をただす発言が飛び出す。

「今、一番重要な問題は」と切り出した。

「佐和田町に役所が来なければ離脱する意向だというが、このことは事実なのか」

さらに、川口徳一両津市長も、「８月８日に両津市では市議会全員協議会があり、佐和田町長の発言が話題になった。報道された内容の真意はどこにあるのか」

すると、町長から、「このことは事実である」と明確に返ってきた。

会場は騒然とするが、検討協の石塚英夫会長（赤泊村長）は、聞いていないのか、聞こえなかったのか、「継続審議とされている事項である」という発言のみで協議は進み、その場はもやもやの中で、協議は閉じられてしまった。

８月８日に開催された検討協の役員会で、本間權市新穂村長は町長の発言の真意をただすが、町長は、「先般の発言は乱暴であった」と陳謝し、また、「検討協からの離脱は帰って議長と相談しなければ返答できない」と、何回質問しても同じことを繰り返すだけであった。

8月9日の市町村議長会は、相川町の「新ふじ」を会場に開かれた。そこで、大澤議長に対して糾弾する議長がいたが、大澤議長の迫力でかわされてしまった。

本間金一郎真野町議長もアメリカの例をあげ、「政治の中心はワシントンにあって、商業の中心はニューヨークにあるではないか」と話すも、齊藤町長は聞く耳はなかった。しまいには、竹内議長は、「川口市長が、議会に説明していないのは議会軽視である」と、川口市長にまで飛び火してしまった。

赤泊村でも、検討協の会長でもある石塚英夫村長は、赤泊村議会全員協議会で、「12日の検討協で、新庁舎の位置が決まらなければ会長職を辞する」と明言するなど、まさに泥沼のような状態になってきていた。

紛糾する議長会は、引き続き翌日も畑野農村環境改善センターで開くことになった。議長会は、石塚会長に申し入れ書を出すことになった。

金井町、真野町、小木町、畑野町の4議長が赤泊村に出向いた。

申し入れ書の内容は、

１　庁舎の位置について

佐渡市町村会においてあらかじめ庁舎の位置を検討し、その結果を検討協議会に提案する、という申し合わせでありましたが、８月７日付けの新聞報道による佐和田町長の発言は、全島一市を目指し一致協力しようとする申し合わせに反するものであり、全く理解に苦しむものであります。その真意を聞かせていただきたい。

２　両津市における、合併賛否の住民投票について

８月10日付けの新聞報道によると、約６１００人の住民投票を求める署名簿が提出されたとありました。「住民投票は市長が適当と認めた時期に実施をする」、としているとのことでありますが、速やかにこの問題を解決していただきたい。

という内容である。

また、この議長会で、大澤議長の「佐和田町は自力でここまで来た。他の市町村の世話になっていない。佐和田町を除いてやれるものならやってみよ」という激しい口調でのやり取りもあり、収拾がつかない状態となって、紛糾したまま会は閉じられた。

８月11日に赤泊村、佐和田町を除く市町村長の有志が緊急市町村会を吉井ふれあいセンターで開いた。検討協会長の石塚村長は、「協議会の取りまとめでうまくいかなければ会長を辞する」と発言していた経緯もあり、また、齊藤町長は問題の当事者でもあるの

で欠席となった。

会合では、それぞれの市町村長の言い分、意見が述べられた。

加藤幹夫金井町長は、石塚会長が新庁舎を佐和田町に誘引しようとしていることに、不信感を持っており、「佐和田町が離脱することになれば、協議会事務所はすぐに別のところにしなければならない」

本間村長は、川口市長の意を配慮して、それを理解しない佐和田町に不信感をあらわにした。

彈正俊一相川町長は、一時新庁舎の位置は佐和田町の意向に同調していたが、齊藤町長の暴言があり、また、新潟県合同庁舎も佐和田町へ誘致したいといううわさも出ており、ここまでくればどちらでも良いと言う。

早川一夫羽茂町長は、石塚会長に対する不信感は一番強く、合併の協議をワンマンで運営してきたことに怒っており、「小木町、羽茂町、赤泊村の各町村は自分のところに欲しいとは言っていないのだから、国仲の方も理解すべきである」と主張する。

中川忠夫小木町長は、「当面は今の佐和田町役場で10年やって、その後、国仲ということでどうか」という。

川口市長は、「自分は発言しない方がいい」と意見は述べない。

小田初太郎畑野町長は、熱烈な加藤町長派。金井町は島民を納得させせられる所だという。

佐和田町議会も、８月15日に議会全員協議会を開き、町長の真意を聞き対策を協議するが、議論は収拾がつかなくなった。

町長と議長の対応に不安を抱きつつ、苦渋の決断を迫られた議員も多く、町議会が分裂した場合を憂い、結果は支持派が13人、不支持派が５人で齊藤町長を不満ながらも大多数の議員が支持に回ったのである。

８月17日の朝８時に、佐和田町と赤泊村を除く８市町村長が金井町に集まり、金井町の新庁舎候補地の現地を検分した。候補地は、県道金畑線のバイパス近くで、集まった市町村長の中からは、特に異論は出なかった。

その後の８月20日にも、金井町の割烹雅山荘に金井町、新穂村、畑野町、真野町の４町村長と議長が集まって、金井町の新庁舎候補地の現地を検分し、そこの選定に至る説明を加藤町長から受けた。

また、議長会からの、佐和田町の意思確認を先行させせろ、さらに市庁舎については、先に市町村会で決定されては困るので、いくつかの案を出して検討協の場で検討して決めることという意見に対し、髙野町長は、具体的に場所を出すことをやめて、候補地を検討する案や、分庁も含めて検討する案を提案するが、なかなか理解してもらえず、暗礁に乗ったままでまとまらない。

8月23日に緊急市町村長会議を開くことになる。打開策を協議するはずが、齊藤町長との激論の場となって、小田町長、加藤町長、本間村長が舌鋒鋭く迫るが、齊藤町長は言葉少なくかわしている。

加藤町長が「高野町長が出した分庁案ならいいのか」と迫るが、聞く耳は持っていない様子。早川町長が決裂はまずいと言い出す。話し合いは、平行線のまま持ち越すことになった。

8月31日、この日は恒例の佐渡トライアスロン大会の前日であり、新潟県の高橋副知事が来島し懇親会が開かれることになった。懇親会前の時間を利用し、緊急市町村長会議が開かれた。

この場でも、加藤町長、小田町長、本間村長が齊藤町長を糾弾した。しかし、齊藤町長はほとんど発言しない。間を置き、齊藤町長は「今までごみ焼却場やし尿処理場を引き受けてきた。また、佐和田町が地理的にも佐渡の要所で、便利がいい。金井町は、周辺が田んぼで便利が悪い」などと言い募る。佐和田町議会も支持してくれていると、相変わらずの発言で今までの考えを変えない。

庁舎の位置問題は、何回もの市町村長会議や議長会議、さらに市町村長と議会議長の合同会議で議論を重ねるが、デッドロックに乗り上げた状態が続いていた。市町村長会議では、佐和田町、金井町そして真野町とそれぞれの思惑で話が進み、佐和田地区と金井地区の2候補地に絞られていくことになる。

9月15日、加藤町長から髙野町長に留守電が入っていた。畑野町、新穂村、真野町、そして金井町の町村長と議長による会議を開催したいとの連絡であった。

加藤町長の提案で、まずは4町村の結束を確認したい。次に、議長会からの白紙撤回の発言があっても、市町村長会議で確認している、佐和田地区及び金井地区の2案で採決を進めるように、佐和田町と両津市を除く議長を説得すること。さらに、相川町、羽茂町、小木町をまとめ、次には、両津市、赤泊村もまとめて、最終的には佐和田町に対抗して、あくまでも一島一市の旗印の下に、佐和田町も入ってもらえるようにすることで確認し、対応策をまとめた。

このままでは合併期日の延長という事態も想定され、それだけは回避したいという思惑から、検討協で決定することを確認したのである。

佐和田町の候補地は、佐和田町八幡字中江地区で約6ヘクタールの提案がされる。また、金井町の候補地は、金井町千種沖の4ヘクタールであった。

10月1日早朝、加藤町長から髙野町長に電話が入る。話の内容は、9月28日の議長会役員会に大澤議長と竹内議長、加賀博昭両津市議員の3人が訪れ、「3日に開かれる協議会では、何が何でも決着をつける」、と言っていたという。

10月3日、その検討協が開かれた。会場である佐渡中央会館には、マスコミや傍聴者が多数いる中で、大澤議長は開会の冒頭、「マスコミも入って、今日は結論が出ると大勢の島民が期待している。どっちがどうなろうと、今日ここで決めていただきたい。仮に選に漏れようとも正々堂々と私どもは、自分たちの今まで貫いた姿勢を通す気持ちであります」と発言した。

検討協の会場は、あちこちでざわめき始め騒然となってくる。

早川町長が言葉をはさんで、「齊藤町長の本意を聞きたいと思っているが、離脱ありきということに変更ないとすれば、ここで言わなくていいのかな」と、けしかける。

竹内議長が、「両津市は、議会全員協議会で決めて来ているんです。今日は、おそらく議決行為になるんだろう」と、今日の決着を促す発言をする。

続いて渡邊和彦金井町議長から、「9月24日の、新穂トキのむら元気館での市町村長と議会議長会の懇談会や、10月1日の両津市での市町村会を通じて今日の検討協で、新庁舎の位置が決定されるように、文書を提出してお願いしました」と続けた。
さらに、早川町長から「昨日、真野町、羽茂町、赤泊村、両津市の各市町村において
は議会全員協議会で協議が行われた」
このように、それぞれの発言の先には、今日のこの検討協において新市の庁舎の位置
を決定するのだという、意気込みが感じられた。
「それではこれより、新市の事務所の位置についてを議題とします。今までの協議か
ら、候補地は金井町と佐和田町の２案が出ております」
石塚会長の議案の説明の後、しばしの沈黙があり、その後、加藤町長が発言をする。
「新市の庁舎の位置を決定する方法は、挙手という形で諮ってはどうか」
すると間髪入れずに大澤議長が立ち上がり反論をする。「天下分け目の重大な問題であ
る。挙手なんてしないで、堂々と起立多数で決めていただきたい」
硬直した面持ちで発言をした。
その気迫に圧倒されてか、石塚会長は、「採決方法は起立にします」と宣言した。
採決の時が迫ってきた。市町村長・議会議長の会議の出席者は20名である。
石塚会長が議案の朗読を行う。「事務所の位置であります。記載の順番でいきます。佐
和田町が先になっております。佐和田町の事務所の位置に賛成の方の起立をお願いしま

す」

齊藤町長、大澤議長、中川町長が起立した。「起立3名です。次に金井町に賛成の方の起立をお願いします」。16名が起立した。

会長が「新市の事務所の位置は、金井町ということで検討協では確認することでよろしいでしょうか」と念を押す。

いきなり齊藤町長が立ち上がり、やや興奮気味で話を切り出す。

「佐和田町に新市の庁舎が来なければ、私は離脱をするということを申し上げてまいりました。したがって、そのようにさせていただきたい」。発言が終わると会場は、ざわめきと異様な雰囲気に包まれ騒然とする。

石塚会長が、「今、齊藤町長から佐和田町は離脱するとの申し出がありました。もう一つは、議長会の皆さんから、一島一市がなくなったんだから、この協議会は白紙になる、という意見がありました」

その会長の発言を遮るように、「検討協は解散」「空中分解だ」「白紙・白紙」などの声が聞こえる。

石塚会長は、「何とか次善策をとれないか」と、今後の対応を協議するよう促す。

一方、大澤議長はその場で立ち上がり、「一島一市の検討協から脱会です。これで一島一市の検討協は崩壊しましたね。確認させてください。職員、予算を含めて一週間以内に精算をして、脱会できるようにお願いします」と、追い打ちをかけて石塚会長に迫る。

会場内はざわめき、隣同士の市町村長や市町村議会議長がひそひそ話をする。

議事は収拾のつかない状況になり、石塚会長はどうしてよいか思案投げ首。右往左往しながら、一島一市の検討協の解散を宣言して、会議を閉じてしまう。

髙野町長が事務局に駆け寄って、直ちに佐和田町を除く9市町村長を、真野町役場に集まってもらうよう連絡させる。

検討協の解散宣言後、市町村長たちの顔色は衝撃と落胆で言葉少なになっていた。

新潟日報記者のインタビューに、本間村長は、「予想はしていたが、やっぱり現実になるとショック。残ったもので団結していきたい」(平成14年10月4日付新潟日報朝刊)。

早川町長は、「一島一市破綻は市町村長の力不足ということ。このようなことを繰り返してはいけない」(同日付新潟日報朝刊)。

加藤町長は、「佐和田町も一島一市には理解を示している。入ってくるということなら大歓迎。そのことを望みたい」(同日付新潟日報朝刊)と、それぞれの心境を語っていた。

一方、佐和田町は、齊藤町長が町単独のままで残っていくことを職員に告げ、町議会も直ちに全員協議会を開き、対応を協議することとなった。

迷走の果ては

事務所の位置は、いつしか新庁舎の建設位置の議論にすり替えられて、議論されるようになっていた。その結末が佐和田町の離脱へと発展し、誤解と不信感を抱えたまま深い暗闇に包まれていく。

石塚会長が事務局に何度となく、「事務所の位置は、新市になった時の庁舎の位置であるのか」と確認していた。合併協議の中で定めなければならないのは、事務所の位置であった。

合併して新市の事務所をどこに置くかが議論なのに、協議はすり替えられて新庁舎の建設位置となってしまっていた。意識してすり替えられたのではなく、誤解が問題を大きくしたのかもしれない。

石塚会長は、ポツンと話した。「事務所とは何か。合併後に本所としての機能を有する庁舎の位置ではないのか」

しかし、そんな疑問も凝り固まった庁舎建設の思いに、かき消されてしまったのか。なぜそこまで庁舎建設に固執してしまったのか。今となってはどうしようもない重大な過ちを犯してしまったのではないか。

佐渡一島一市合併の新市の事務所位置をめぐる混乱から、平成14（２００２）年12月齊藤町長は引責辞任を表明した。

これを受けた佐和田町長選挙は、合併推進派と反対派の激しいせめぎあいが予想されていた。その中で出馬をしたのは中川修氏と遠藤修司氏の２人である。

中川氏は、髙野町長から、「この混乱している佐和田町をまとめるのはあなたしかいない。助けてほしい」と懇願されて、町長選挙告示間際に建設会社社長を辞した。

新潟日報記者のインタビューに、「会社も大事、家も大事、町も大事」（平成15年1月23日付新潟日報朝刊）と、出馬の決意の意向を漏らした。

一方の遠藤氏は、合併法定協議会（以下「法定協」という）には加入しない立場から、選挙公報では、「広域合併は職員を減らさざるを得ず、雇用の場の縮小にもつながる。佐和田町の住民が、佐渡市がよいと判断すればすぐに合併チームをつくる。合併の方法はいろいろあり、枠組みは別にして、合併の協議にしても、佐和田町の利益になるかどうか、冷静になってもう一度考えてみる」と、立候補に際しそれぞれの訴えが見えてくる。

さらに中川氏は、「少子高齢化などの解決には、佐渡はひとつになるべきだ」と、一島一市の合併推進を強調している。それに対し遠藤氏は、「佐和田町は効率的発展が容易である」として法定協加入反対を掲げている。

佐渡一島一市の合併をめぐり、齊藤町長の引責辞任に伴う佐和田町長選挙は平成15（２００３）年1月26日に投開票が行われ、合併推進派の中川氏が３８４５票を獲得。法定協加入反対を掲げた遠藤氏の８５８票を、３０００票近い大差で破り初当選を果たした。

一島一市推進派の立場として中川新町長は、「10市町村は海に囲まれた運命共同体。産業を佐渡ブランドとして統一すれば、佐渡人の意識を育てられる。行政のベクトルも１本にした方が良い」（平成15年1月23日付新潟日報朝刊）と話している。

また、一島一市の合併協議から離脱した佐和田町民も、このままでよいのかと有志が立ち上がった。

町民の意思を問うアンケートへの協力を呼び掛けたチラシを配布し、離脱の問題を議論してきた。有志は必ずしも一島一市を推進する立場ではなく、町民の思いが本当に反映された結果なのか。合併協議会離脱は、町民の意思なのかを、問い直す必要があるとして活動をしていたのである。

しかしこのアンケートの結果を待つまでもなく、住民の怒りはあちこちで火山の溶岩のように吹き出した。その動きに合わせ、住民の監査請求運動が始まった。合併協議から離脱したことにより、それまでの職員派遣経費や事務所維持経費などは不当な支出であるとして、その矛先は齊藤前町長に向けられたのである。合併協議に参加していた佐和田町が、途中で離脱したのは齊藤前町長個人としての感情で行われた行為であり、それにより町に損害を与えたことは、不当な公金の支出に当たるとして監査請求が行われた。

齊藤前町長は正当な支出であると反論していたが、町は異様な雰囲気で、その行方を見守っていた。

離脱に反対するうねりはさらに広がり、今度は町民８人が一島一市合併の可否を問う住民投票条例の制定を求めて、直接請求を行った。

合併協議会離脱の経緯についての説明がないままの、一方的な離脱には納得がいかないと先頭に立ったのは一島一市合併推進を訴える庭崎豊さん他７人である。

直接請求は１カ月以内に、有権者の50分の１にあたる１６３人以上の署名が必要になってくる。庭崎さんたちは、「合併に対し町民の意思を確認する会」を結成し、庭崎さんが会長に就任した。

さらに、「佐和田町の将来を考える会」が組織され、本間博さんが会長になってこの2つの団体が中心となり直接請求運動がスタートした。

署名は思っているよりも反響が大きく、2つの団体が集めた署名は、有権者の50分の1の、3倍にも上る536人分の署名簿を選挙管理委員会に提出した。

過熱する戦いはチラシ合戦に始まった。

住民投票前に出された、法定協加入に反対する合同町政報告では、「役場は空き家にしたくない方」「町は合併について説明が足りないと思う方」「お金は出して意見は言えない屈辱合併は嫌な方」「合併は様子を見てからでよいと思う方」などの方は、反対の意思表明をお願いしたいという報告書を配布して訴え続けた。

また、一島一市合併に賛成の議員からは、「名誉ある佐和田町であれば体力のあるうちに、足腰の強い自治体づくりに参加し、佐渡の中核としてさらなる発展に努める」として「未来の佐渡を目標に、目先のことに惑わされない行動、地域の将来に重い責任をもって、一島一市を推進し、未来に夢と希望のある島づくりに参加しましょう」と訴え対抗した。

住民投票条例制定について、中川町長は、「早期の住民投票を実施したい」と表明したが、町議会全員協議会では「町民の判断材料が少ないため、遅らせるべきだ」との意見も出た。

周知の徹底を図ったうえで、投票の実施が承認されることになった。条例制定の運動がスタートしたが、雪のちらつく街中には、人通りがまばらで街宣車の音だけが響いていた。一島一市の合併協議の参加に反対派の町議でつくる「佐渡合併研究会」は、河原田本町商店街で第一声を上げた。「合併自体に反対ではない。今急いで参加しても佐和田町の主張が通らない、無条件降伏的合併は許されない」と呼び掛けた。

これに対し、中川町長後援会を母体とする「佐渡はひとつの会」は第一声で「合併すると財産がとられるとか、なくなるという考え方は違う。すべて新市に引き継がれ、各地の特徴ある良いところは必ず残る。不安をあおる反対派の言葉に惑わされないで」と訴えた。

運動が過熱する中、中川町長が地位を利用して住民を賛成に誘導したとして、金山教勇町議ら２人が相川警察署に「告発状」を提出した。しかし、相川警察署はこれを受理せず「内容を検討する」ということで、事件にはならなかった。

一島一市の合併に参加するかどうかという住民投票は、平成15年２月16日に投開票され、その結果は、賛成が３１１９票で、反対は２３６２票と７５７票の大差がついた。

賛成が約57％の得票を得て、「一島一市」に加わることに決定した。

当時の新潟日報の記事によれば、「賛成、反対とも合併について情報が少なく、賛否両派のチラシ合戦が過激するだけで、合併そのものの内容については、良く分からない」と佐和田町民は話しており、賛成に投じた町民は、「もともと一島一市に賛成」「延長保育を切り捨てることはあり得ない」「島民の生活はすでに一つ。行政も一つにして佐渡の将来を考えるべきだ」など、理由を述べている。

また、反対の町民は、「役場がなくなる」「佐渡が一つになるより、役場があった方がいい」、中でも「町の将来が不安」という意見が根強かったと書かれている。

戦いは終わったのだ。町を二分するような激しい住民投票のしこりが残らず、将来の佐渡の発展につなげる議論となることを願わずにはいられない。

新庁舎位置をめぐり平成14年10月に検討協から離脱した佐和田町。佐渡一島一市の合併に参加することの賛否を問う住民投票は、合併を推進すべきとの判断が下された。

住民投票条例は、「町長は、一島一市の合併問題に関する可否の表明をするにあたり、住民投票における有効投票の賛否いずれか、過半数の意思を尊重して行うものとする」と定められており、中川町長は、「法定協への参加を正式に申し込みたい」と語り、参加を表明した。

法定協会長の小田町長は、投票結果について、「賛成が過半数を超えたことはありがたい。佐和田町長から正式な申し入れがあったら、早速法定協で諮って対応したい」（平成15年2月17日付新潟日報朝刊）と歓迎の言葉を述べた。

出直し選挙や住民投票の結果を受け、合併推進派の中川町長は、2月17日に新潟市の県自治会館で開かれた佐渡市町村会の席上で、9市町村長に法定協への参加の意向を伝えた。

2月24日、金井町で開かれた法定協の役員会に、中川町長は加入の申し込みをし、平成15年3月8日開催の法定協において正式に復帰することが決まった。

第1章2節　迷走する合併協離脱後の佐和田

元佐渡市議会議員　廣瀬　擁

平成14（2002）年10月3日、齊藤町長が合併協議会離脱を表明した。それまでは町長以下、大澤議長をはじめ、ほとんどの議員は合併に賛成だった。それは、国も県も借金が多く財政的に既に破綻している、合併しなければ夢のある町づくり・島づくりができないという理由であった。

齊藤町長、大澤議長は島内では合併推進の提案者で、佐渡市町村合併検討協議会副会長だった齊藤町長の発言以降、町を二分する論戦が始まったのである。

本庁舎を佐和田町に置く見返りに、し尿処理場やごみ焼却場などを引き受けたのだからと、佐和田町に本庁舎を置くのが当然と考えていた議員をはじめ、住民の驚きは極めて深刻なものであった。

離脱後、急に合併反対派となった議員は大澤議長、玉木、山本、白田、金山、向山、金光議員など経験豊富な人が多く、賛成派は私を含め後藤、名畑、飯田、高野、本間、市野、菊地議員など、一部の長老議員を除き新人議員が多くを占め、各陣営で賛成・反対のメリットとデメリットの宣伝合戦が始まる。

元佐和田町議員9人は「名誉ある佐和田町を守るため町民は力を合わせませんか。佐和田町の財政力指数は0．378ですから十分独り立ちできます。2位の両津市でさえ0．280しかない。また、佐和田町の保育事業は佐渡で一番、合併しなければ交付税は今まで通り来る。お願いして仲間に入れてくださいなど〝お願い合併〟は佐和田の名誉を売り飛ばす屈辱合併ですべきでない」と苦言を呈するチラシが入る。一方、民間の賛成派からは「佐渡は一つ！　一日も早く合併に参加しましょう」などと二回もチラシが入る。

12月13日、齊藤町長と真藤助役が辞任、大澤議長から名畑議長に交代。町政の空白期を迎え白川総務課長が町長職務代理者に就く。議会、町民共に賛成・反対の渦中に。沢根地区より新町長候補の擁立、八幡地区から対抗馬の擁立で選挙戦に突入する。合併賛成派はチラシを入れ、街宣車を出し住民投票で決着すべきとまでエスカレート。議会も住民投票で決着が望ましいとGOサイン。2月16日の佐渡始まって以来の住民投票を前にして、町長選挙が合併の賛成・反対の一つのバロメーターの役割を担う可能性もあったので、反対派の議員は投票用紙の見本まで示して反対するよう二度三度とチラシが入るほどの熱の入れよう。

　平成15年（２００３）年1月26日町長選挙の結果は、合併推進派の中川修氏の圧勝でほぼ決着。「町民の心と力を一つにして、佐渡は一つという目標に向けて頑張る」との言葉通り、名畑議長とともども新市合併協議会に合流し、今日の佐渡市の大合併が実現したのである。

佐渡市合併前の記憶について

元小木町助役　笠井　正昭

この度、合併記念誌の原稿依頼を受けました。本来ならば、元小木町長の中川忠夫が執筆すべきなのですが、令和２（２０２０）年６月に逝去してしまいました。

その関係で、小生にお鉢が回ってきたのかなと思っています。

佐渡市合併といっても振り返って見ますと、遠い昔のかなたの出来事のような気がします。

平成13（２００１）年、中川町長と小生が小木町40数カ所の地域を、新潟県からの資料を用いて「合併」について説明に回りました。その中の主な意見はおおむね次のようなことであったかと記憶しています。

一　現在の小木町のままでは駄目なのか？

一　南部３町村ではどうか？

一　南部３町村に西三川を加えたものではどうか？

町長の回答は

一　国の財政状況の悪化で合併しないと地方交付税等の減額が考えられることから、小木町単独では、二〜三年間くらいしか存在できないかと思われる。

二　合併すれば経過措置として各種優遇措置が検討されている。

三　巷間通り、アメとムチの両方で責められており、南部どころか、佐渡一島一市で対応しなければならない状況。

四　全ての案件等は、今後、佐渡全市町村で設置する「合併協議会」で検討していくことになる。　というようなことでした。

その後、説明会当時では想像できない程、一気に合併へと突き進んだことには、非常に驚いたものです。各関係者皆様方々のご努力に敬意を表します。

終わりに、新庁舎建設位置に関する事について述べます。

この件については、町長と特別に話をしたことはありません。町長の話では、両津は市としての思惑と意向はあるかと思うが、佐渡の中心地が良いとし、「金井地区」を推しています。

小木町ではこれに対して、町長いわく、交通アクセス、また佐渡島内では財政力指数ともに良く、都市型町として発展している「佐和田地区」だと常々話していたような気がしました。
その思いが、合併協議会の席で「佐和田地区」に賛成起立したものと思われます。

私の思い

金井　渡邊和彦（80歳代）

私が金井町議会議長として、庁舎の位置をどこにするかが議論の中心になっている頃のことです。金井としてのスタンスは、まず、「佐渡は一つにならないとダメだ」そして、「多数の意見に従う」というものでした。最後まで金井へ誘致表明はしないでいきました。あの頃の激論を思い出すと、今でも心が熱くなります。

合併の姿

佐和田　浅野　彰（60歳代）

合併についてどれ程の知識も持っていなかったと思います。現状よりは良いのではというくらいでした。

一市になれば法定機関が一つでスピード感が生まれると思っていましたが、陽の目を見たのはそれから十数年たってからになります。しかし、一市になり中心部の活性化と周辺地域の人口減少が進んだのではないかと思います。

合併の弊害は地域間格差だと思います。いまだ佐渡は旧来の区割りを固持しています。

それぞれの地区で、島のにおいを大切にしながら活性化していければと思います。

合併とは街の良さを統一的につくり上げるのではなく、不ぞろいな凹凸(おうとつ)が魅力だと思います。

人口減

佐和田　若林　サカエ（70歳代）

今だからこそイメージしたい事

市町村合併して早19年たつ。町であった頃の、何かと濃かった人的交わりに郷愁を感じはするが、人口減対策の面で考えると、佐渡一市になって良かったのではないかと思う。

現状は少子高齢社会。

市の住民基本台帳によれば、平成15（2003）年から10年間の人口は年間千人ずつ減少している。この減少状況では、旧体制であったら成立しない事柄が多々起きてくると思う。例えば、高齢者が多く、生産を支える若者や子どもの人数が極端に少ない地域では、行事などの活動はおろか、税収面や流通面などで自治体にも個人にも不都合が起きると予想される。

合併後の様子を見てみよう。平成25（2013）年度の県の資料によると、死亡者数が出生数を、転出者数が転入者数をおのおの上回り、若者の数が減少して老年人口が増えている。市全体としても、人口減に加えて高齢化社会が進んでいる実態が分かる。関係各位の苦闘はさぞかしと思われるが、いまだ解決策の見えない観もある。消滅地域などの声も聞こえてきて肩を落としたくもなるが、合併して母体が大きくなり、諸局面で有利な展開もあるでしょう。国も少子高齢化問題対策を進めているのでこの難題に対峙（たいじ）するのは今と捉えて、市当局はじめ我々市民も改善策を練っていきたい。

市民の一人として

人口減によって派生した現象も気になる。増える空き家、学校統合後の空き校舎や体育館を見聞きするたびに、何とか活用できないかと思い巡らす。特産物やその加工品、伝統工芸品などを展示・販売する物産所に使ったり。空き家を改装して格安で提供する。そして、これらの事を全国に発信・宣伝する。発信するからには応答に対応できる備えをする。幸い、世は情報化時代、GIGA教育推進によって、これからの若者層は情報機器活用能力が一段と優れることと思う。学んだ技術が故郷のために役立つことを実感しながら官と民がおのおの能力を出し合い、活力ある佐渡づくりに励む日を困難山積みの今だからこそイメージしたい。

数年前に出会った旅行者の「佐渡はいいね。高校生は美しいし」という言葉が思い出される。若人を美しい姿(心)にする風土のある佐渡が思われてうれしかった。先祖伝来のこの風土を大切にしながら新しい佐渡が拓かれてゆくことを願いつつ、一市民として小さな応援者でありたいと思っている。

第2章　両津市の迷走

第2章1節　両津市の合併賛否と住民投票条例

編さん委員　親松　東一

裁判闘争

昨年の暮れには暖かい日が続いていたが、1月も中旬になると今朝はさすが、外はうっすらと雪化粧に覆われていた。

佐渡も昔から見ると、雪の量が少なくなったような気がする。

昭和30年代の小学校は徒歩通学であったが、道路は除雪しておらず、車のわだちが唯一の歩道であり、車が来ると雪を踏みつけ自分で待避所を作ってやり過ごした。今のように車は多くなく、バスとせいぜい2、3台の車とが行き交うのみであった。

今日の日本海は、寒の最中のわりには穏やかだった。合併で忙しい最中だというのに、弁護士との打ち合わせなど、よくもこうして新潟に通えたものだと思った。裁判が始まったのは平成15（2003）年の9月であるから、わずか1年と半年ほどしかたっていないのに、その間にたくさんの経験をした。

高速船ジェットフォイルは、佐渡両津港を出ると間もなく翼走航海に入る。心地よいジェットエンジンの音がして、しかも、この席からは海面が見えないので、空を飛んでいるかのような感覚にとらわれる。

ジェットフォイルは、小佐渡の山並みに添って走る。小佐渡の東端、水津の沖合に出ると佐渡島に向かうカーフェリーが、遠くに見えて来た。その船をぼんやり眺めていたが、２隻の船はあっという間にすれ違った。フェリーのデッキからこちらに、手を振っている人が見えた。

そのような景色を見ながらも、今日の裁判の結果が気になってくる。弁護士は「大丈夫ですよ」と言ってはいたし、そんな気もするが皆目見当がつかない。その弁護士もこちらは２人であるが、相手は５人もそろえており、向こうも勝つつもりでいるのだろう。

「両津市の住民投票条例」。正式な名称は「両津市が佐渡一島一市の合併の可否を住民投票に付すための条例」が裁判騒動にまでなり、新潟地方裁判所で争われていた。

平成15年９月に、新潟地方裁判所に訴状が出された。原告は両津市の前市議会議員の加賀博昭で、被告は両津市長の川口徳一であった。

しかしこの裁判は、「この条例があるにもかかわらず、両津市長が住民投票をしなかった」ということが直接の訴えではなかった。

争点は「合併後の佐渡市が行う電算システム構築業務負担金の支出は、この条例に基づいて住民投票を行い、その住民投票の結果、合併についての賛成が多い場合に限って両津市長が支出すべきものであり、住民投票前は市民の合併への意思は不明であるから支出してはならない」というものであった。

佐渡島には1市7町2村の10市町村があった。

「えー、島なのにそんなにあったの」と驚く人もいた。合併前直近の国勢調査では、7万2000人の人口があった。

この島を一つの市にしようと、市町村の合併の特例に関する法律（以下「合併特例法」という）による協議会の設置、合併協定書の調印、さらには廃置分合についても訴状の出される前に、各市町村議会において既に可決されていた。合併期日は平成16（2004）年3月1日と決められていた。当然のことであるがその日から市役所の業務が開始され、コンピューターを稼動させなければならない。

特に島内の自治体では数社のコンピューター会社が参入し、それぞれが独自のシステムを開発していた。そのシステムを統一するには7、8カ月の日数が必要とされていた。加賀博昭らはこれに先立ち、両津市監査委員に対し同趣旨の内容で住民監査請求をしていたが、1カ月ほど前に却下されていた。

加賀博昭は、新潟地裁に訴状を出す1カ月ほど前の8月31日に議員を辞職していた。


この合併に反対の住民が起こした、両津市議会解散の直接請求に必要な署名は4700人以上であればよいのに、予想をはるかに超える6000人余りの署名が集まった。そして議会解散の本請求を7月にした。「その住民運動を、市民と本気になってやるためだ」と言っていた。

加賀博昭は、自分の本気度を市民にアピールするために、平成15年6月の市議会定例会に、自身が中心になって議会自主解散動議を議員提案したが、否決されていた。さらに、同じく合併に反対していた伊藤昭平、猪股文彦、白井宏の3市議が、両津市議会はもう機能不全になってしまったと言ってすでに辞任していた。

そんなことも背景にあったのであろうか。議員が提案した議会自主解散については市民の中にも、「議会は自主解散でなく、議員が嫌な者は他人を巻き添えにしなくても、自分勝手に辞めればいい」という声もあった。

「どうせ秋には議員の任期も満了になる。一種のパフォーマンスだろう」という声も、あちらこちらから聞こえていた。

そんなことを思い出している間に、高速船は新潟港防波堤を右に大きく旋回し、信濃川河口に入った。新潟西港は信濃川河口にあった。新潟から北海道小樽に向かうカーフェリーの船体も見えてきた。

日本海を挟んで対岸の北朝鮮に、にらみをきかせるように、海上保安庁の巡視船「ひだ」も、港に係留されていた。

かつて北朝鮮と日本を往来し、帰還事業とうたって「地上の楽園」とのキャッチフレーズで9万人を超える人を送り、また本国への送金やさらに工作活動に利用されたという万景峰号が横付けされていた埠頭もあった。

「冬だというのに、船には観光のお客さんが多いですね。佐渡の人は、観光のお客さんを迎え入れるのがうまいですね。新潟市は観光の目玉が無くて、私たちも商売あがったりです」

埠頭から裁判所までタクシーに乗ったが、タクシーの運転手は一人ごとのようにつぶやいた。適当な相づちを打っているとさらに続いた。

「第一、新潟には温泉がないんですよね。だから大きなイベントがあると、会合後のエクスカーションなどの会場は、佐渡でやることがあるんですよ。新潟市内はタクシーの台数は多くなるし、お客は佐渡に行ってしまうし、私たちは商売あがったりですよ」

商売あがったり、という言葉を繰り返していた。そして、さらに続けた。

「いっそ、新潟市と佐渡市が合併し、新潟の奥座敷は佐渡になるといいのに。いや、そうするとますますこちらのお客は減るか」

運転手は一人ごとを言って、静かになった。

そんな話を聞いているうちに、新潟地方裁判所に着いた。

裁判所というと、どうも敷居が高い気がする。正面の黒板に今日の法廷の予定が記されている。裁判所の中を見学しようと思ってはみたが、あまり気も進まない。

主文　原告の請求を棄却する
　　裁判費用は原告の負担とする
これが判決であった。平成17（２００５）年1月17日のことである。

上告もなく、こうして「新市電算統合システム構築業務負担金支出に絡む事件」は解決したが、その時には既に新しい佐渡市が誕生していた。

この裁判の原告である加賀博昭は、残念ながらすでに亡くなっており、裁判について一連のコメントをもらうことはできない。

しかし、生前「私は両津市議会、そして佐渡市議会に在籍し、裁判を起こしてまでもこの合併について反対したということを後世に残したい。勝訴して判例として残したい」と、何度も話していた。

敗訴はしたものの、行政法判例としてインターネットでの検索が可能であり、「原告加賀博昭…」の文字が見える。

参考までに検索コードは「15年（ウ）第6号事件　公金支出差止等請求事件」である。

投票条例の制定

この佐渡市の合併については、平成13（2001）年2月、国に尻を叩かれた新潟県は市町村合併促進要綱を作成し、県内の市町村に提示した。

この時から、合併に向けて発車のベルが鳴った。

それまで市町村合併は両津市には関係なく、どこか遠い所の自治体のことだと思っていた。

平成11（１９９９）年7月に地方分権一括法が成立し、市町村合併特例法の改正が行われた。

平成12（２０００）年3月になると、両津市議会で広域行政等調査特別委員会が、同年5月には市職員で構成された、広域行政問題等検討委員会が相次いで設置された。

その後、平成13年の2月になると、新潟県から、佐渡は広域市町村圏域と同じ、一島一市という合併組み合わせのパターンが示された。

新潟県が合併パターンを示すのは、小出町等北魚沼６町村圏域に次いで新潟県内２例目であった。

その年の前年秋に行われた、新潟県知事選挙の遊説で佐渡を訪れた平山征夫知事は、「佐渡は一島一市になっていただきたいという思いでいる」と演説をしていたが、知事当選後それを実行に移した。

その頃すでに、両津市を除く佐渡島内では、合併そのものは既定の事実と受け止められていた。

しかし、そこには各自治体の思惑があり、総論には賛成であるが各論になると今後どのように調整するかの課題が多くあった。

最初に、合併のパートナーをどのように選ぶのか、両津市ではいろいろな案が浮かんでは消えていった。

また島内のみならず、対岸の新潟市との合併でどうかという意見もあった。新潟市との合併については川口市長も、ある程度の発言はしていた。

新潟市で行われた、合併に関するシンポジウムの席上のことであった。それは今回の合併というよりも、遠い将来を見据えた発言であり、今回は一島一市としての合併であるが、それから数十年後、少子高齢化や人口の減少などから、おそらく将来は道州制などの動きが出てくるだろう。

その時の、第2段階としてのことであり、いきなりということではなかった。

その途中が省略されて、「川口市長は新潟市との合併を選択した」ということになった。

合併パターンについては、市議会議員の中でもいろいろな意見があり、新穂村という案が2人、新潟市が1人、新穂村・金井町が1人、南部3町村・相川町を除く国仲町村が1人、一島一市が7、8人くらいであった。

この他に、合併の相手を示すということは合併を肯定することだとして、全く意見を表明しない議員もいた。

新潟県が一島一市というパターンを提示したことで、佐渡10市町村で構成する佐渡市町村会では、新潟県から提示があった翌月、臨時会を開いた。

合併に向けて任意の協議会を早ければ平成13年6月に設立するという方針を確認した。同時に、協議会の構成は各自治体の市町村長・議長の各2人の計20人とすることも併せて決められた。

両津市はまだ態度を決めておらず、テンポが早過ぎるという意見を出したが聞き入れられなかった。

町村の方は新潟県からパターンが示されたことで、合併特例法による人口特例を適用するため、合併の時期を早くしたいという思惑があった。

地方自治法では、市になるための要件として、人口が5万人以上で市街地区域の戸数（連たん率）が、全戸数の60％以上であることとされていた。

それに該当するところは、佐渡島内では両津地区の夷と湊しかなかった。

しかし、市町村合併特例法では、こうした要件を緩和し、平成16（２００４）年3月末までに合併する場合は「連たん率」にかかわらず、人口3万人以上あれば市への昇格ができるとされていた。

だが、平成16年4月以降の合併になると、この特例がはずされ60%以上という「連たん率」が要件に含まれる。結果的に両津市が合併に入らないと、市にはなれないということであった。

このため、市になれないなら合併自体が崩壊するという町村長も出てきた。

つまり、両津市が加わらなくても市になれる期限の、平成16年3月までにどうしても合併しなければならない、ということになってきた。

そこで市町村会では、両津市が仮に合併に加わらなくても、残りの町村でも市になれる平成16年3月までということを臨時会で確認し、合併の枠組みについては早急に任意協議会で協議することになった。

市町村会には両津市も参加していたが、両津市は合併すること自体が未定であり、任意の協議会を設置するには時期尚早だと主張していた。まして、合併の時期については、まだ先のことであると言っていた。

合併特例により、平成16年3月までに合併すれば10市町村が対等な立場での合併となるが、それ以後に合併すると特例期限が過ぎてしまい、今度は両津市に吸収される、吸収合併ということになる。

すでに両津市は市であるが、島内他の9町村はどこの町村においても連たん率が60%

以上ないので市にはなれない。市になりたければ、両津市に吸収されるしかないということであった。

このような状況から、市にならなければ合併自体が破綻するという町村長も出てきた。つまり、今回の合併は町村が市になることが、大きな目的でもあった。

会社の事例でいうと、一方の会社がもう一つの会社を丸ごと取り込むような方法。吸収された会社は解散し、すべての資産が吸収した会社に移転される。

条例やその他規範は、原則、吸収している自治体のものが使われることになる。

そのような事から、合併の実務作業を遅らせることで、一島一市という対等合併期限の時間切れを狙い主導権を握る、つまり吸収合併に持ち込むための策略だといぶかる町村長も出てきた。

しかし、当の両津市では吸収合併をして主導権を握ろうという思惑からでなく、そもそも合併が必要かという入り口での論戦が始まったばかりであった。

一方、市町村会では合併を急ぐとして、一日も早く協議会を設置しようという声が大きくなり、６月に入ると佐渡市町村合併検討協議会（以下「検討協」という）が設置された。

構成員はそれぞれの市町村長・議長の20人であった。

両津市からは川口市長と伊藤議長が構成員となっていた。

検討協で両津市の立ち位置は、一島一市の合併ありきではいけない、この協議会には参加するが正式な参加ではなく、勉強会という認識で参加したいという主張をした。

これは川口市長の意見であるが、これに対し伊藤議長は、住民不在のまま合併して見切り発車するのは拙速だとして町村の動きをけん制した。

ここでは市長と議長の発言が、若干異なっていた。

市長は合併する前提で、時間がほしいと発言しているのに対し、議長は合併そのものに反対する前提での意見であった。

この発言に対して、検討協の会長になった赤泊村の石塚英夫村長は、「期限に間に合わなければ合併する意味がない。駄目な場合は、その時点で抜けてもらえばいい」と、両津市を名指しでけん制した。

両津市議会に設置された、市町村合併に関する調査特別委員会で協議の結果、両津市はオブザーバーとしての参加、検討協事務局への職員派遣も、協議会費用の負担金も出さないということになった。

この検討協への対応は、市長と議会とは同じ意見であった。

市議会の特別委員会では、合併後の両津そして佐渡の将来像はどのようになるのか、過疎対策をどうするのかなどという本論よりも、合併に賛成するのか反対か、合併の枠組みをどのようにするのかなど入り口議論に終始していた。

しかし時がたつにつれ、好むと好まざるとにかかわらず「佐渡の市町村合併」は避けて通れない事態となっていく。

川口市長は住民の意見を集約し、結論を出すには年内いっぱいかかるということから、10市町村の検討協にオブザーバーとして参加していた立場もあり、その結論を先送りするわけにはいかなかった。

まず住民の意向を聞こう。「それには、両津市の財政状況、少子高齢化などに対する両津市の将来、さらに合併とはどういうものかということを示し、皆さんの意見、要望を聞かせてもらいたい」として、市内20カ所で両津市の現状について説明会を行った。

全国的に地方分権が推進されていくが、その地方分権の受け皿として地方がもっと力を付けて、地方分権の基盤をつくるために合併は必要だと訴えた。

「私たちの生活圏は両津市内だけでなく、市外、島内全域に広まっている。合併は必要だ」という人から、「中心から遠い地域はさらに過疎化が進むので合併には反対」という人など真剣な話し合いが始まった。

一島一市に対する意見として、「中心から遠い所に行くほど、少子高齢化が進みその結果過疎が進む。集落崩壊のところもできつつある。この対策をはっきりしない限り、合併には反対」という声や、「貧乏な市町村同士が合併しても、裕福になる見込みはあるのか」など切実ともいえる意見が相次いだ。

この市内全域にわたる説明会は、「暗に両津市は合併する方向で検討したい」ということを市民に伝える良い機会となった。

しかし、これだけで住民の意思を集約するのは、説明会という趣旨からしても無理があった。

市長としては、両津市を除いて既に行われている9町村の合併協議に、意思を鮮明にして早く参加したいという思いは強かった。

それは当然のことであろう。検討協では、すでに合併の時期や新市の庁舎の場所をどこにするかなど、重要な項目が協議されることになっていた。

そこには市長と議長が出席しているが、両津市は勉強会という名目であるし、協議会への負担金も納めていない。事務局への職員も派遣しておらず、したがってそこからの情報も少ない。肩身も狭くなり、どうしても発言力も弱くなってきていた。

合併に対する判断材料はある程度提供されていたことから、平成13年10月、市内の約6200の全世帯を対象にして、市町村合併についてのアンケートを実施することになった。

両津市は、住民の意向が明確になるまでは、合併協議会への負担金の支出や、職員派遣を見合わせてきた。

アンケートの結果、62・６％の世帯が合併は必要と答えた。また、合併の組み合わせは62・４％が一島一市を選んだ。ただ、回収率が43・６％と見込みより少なかった。回収率は少なくとも60％を目標としていたが、50％を下回る結果となり、このことで合併に反対する火種が残ったと感じた人もいた。

このアンケートの結果から市長は、「住民説明会や討論会などの雰囲気と、今回のアンケート結果により総合的に判断した」と、一島一市の合併に踏み切ることになった。

翌11月、市長は市議会に対し、「両津市は一島一市の合併で進みたい。協議会に対する負担金も12月議会に提案したい」と表明した。

合併に反対する議員は、アンケートの結果からある程度は想定していたが、それが現実となると色めき立った。

まず、アンケートについて回収率が43・６％と低いこと。そのうち合併に賛成という世帯は62・６％。これだと全世帯のうち、賛成の世帯は27・３％しかない。

合併に反対する議員からは、「これでは、過半数に満たないではないか」という意見が多く出た。

さらに「アンケートは、個人ではなく世帯を対象にしている。個人の意見を聞くべきだ。住民投票を行うべきだ」という意見が多くなってきた。

市長が市議会に対し、一島一市の合併を進めたいと表明すると、市内は急に騒がしくなった。

特に市議会からは、「先のアンケートのみでは、住民の意思は把握できていない」という声が、日増しに大きくなってきた。

12月市議会定例会の論戦は、市町村合併一色となった。一般質問も、「なぜ合併するのか、どうして合併が必要か、合併後の佐渡の財政はどうなるのか、過疎地対策は、新庁舎建設の場所は」などが議論された。

そして、12月議会最終日の前日、大きな動きが出てきた。

「両津市が佐渡一島一市の合併の可否を住民投票に付するための条例」を、議員提案で上程することになったとして、広域行政等調査特別委員会の権代茂樹委員長などが、その案を市長室に持参した。

「この条例を上程することについては、議員全員の賛同を得ている」ということも付け加えられた。

最終日の前日に、しかも住民投票を実施するために必要な予算措置も、同時に要求してきた。

市長は、条例の提案は事前に情報をキャッチしていたから想定内であったが、議員全員の総意だということにショックを覚えた。

市長に賛同する議員もいるのになぜ議員全員の総意になったのか、そこはどうしても理解できなかった。

市議会では、平成12年3月に広域行政等調査特別委員会を設置し、合併するにあたり両津市内の大規模開発等建設計画、少子高齢化、過疎対策や、合併のメリット、デメリットなどの検討を行っていた。

その同じ委員会で、住民投票条例についても協議されていたのであった。協議の結果、特別委員会において条例案を作成し、提案することになった。

ここにおいては、仮に条例制定に反対の議員がいても、特別委員会という協議の中で決定されたことであるから、その意見は封じ込められる。

合併に反対している議員は、両津市が先に行ったアンケートは各世帯に対してであり、個人の意思ではない。さらに62・6％の世帯が合併は必要と回答しているが、回収率が43・6％と過半数に達しておらず、全世帯にすると賛成が27・3％と低いことなどから、住民投票を実施すれば反対が多くなると見込んでいたとも考えられる。

翌日の市議会最終日、1人の議員が欠席し17人の出席のもと、住民投票条例が議員発議で上程されたが、上程されると同時に2人の議員が議場を退席した。

結果、満場一致で住民投票は可決された。

一方、検討協に加わるための負担金は補正予算案に組み込まれており、こちらも可決されていた。

退席した議員は、「住民投票条例の制定には反対であったが、本会議場に残ると自分の意思に反し賛成せざるを得なかった」と話していた。

そもそもこの住民投票条例は、特別委員会で検討された経緯もあり、この議員自身もその特別委員会の構成員である。自分が構成員となる委員会において、条例案が決定されている。つまり「自分も住民投票条例を提案する一員である」ということであった。

会議場を退席した2人の議員は、特別委員会でも住民投票条例の制定には反対をしていた。

「合併の賛否を住民投票という形で、住民に丸投げするのは、議会制民主主義に反すると思うので退席した」と話していたが、賛同者は少なかったと残念がっていた。

可決された条例は、「両津市が一島一市の合併に参加する場合は、住民の意思を確認するために投票を行う。その投票は施行の日から120日以内に行う。市長は過半数の意思を尊重する」というもので、強制力はなかったが、住民の意向を尊重するということは、特別の事由がなければこれに従うということになるのであろう。

両津市議会は住民投票条例を可決して閉会した。平成13年12月21日のことであった。

しかし、ここでまた騒動が起こった。

市議会最終日の夜は、議会サイドと執行部との恒例の合同忘年会が行われていた。ところがその年は、その忘年会が開催されるような雲行きではなかった。

両津市役所では土曜会という組織があり、助役を会長として課長級以上の管理職が全員、その会員になっていた。

その恒例の合同忘年会を、土曜会が一方的にボイコットしたのであった。

「議会最終日の前日になって、議員発議で住民投票条例を提案すると通告、投票に要する予算の要求もあり、まさに闇討ちだ」と土曜会が反発して、議会との忘年会参加を取りやめた。しかも、市議会側が予約した忘年会会場のホテルに、土曜会が不参加者分を一方的にキャンセルしたという強硬策もあった。

市長は土曜会の会員にはなっていなかったが、例年出席していた。

結局、議会との合同忘年会に出席したのは、市長、助役、収入役、教育長の4人のみであった。

それに対し議会側は、議長はじめ議員全員と議会事務局長が参加した。

このことは、住民投票条例制定までの手順や、反対意見の封じ込め手段に納得できない課長職が、市議会に全面対決姿勢を示したものとして、受け止められていた。

しかし、検討協への負担金は議決されたが、住民投票に要する予算については、追加の提案はなかった。

検討協へは、翌年の1月に開催される協議会から、勉強会ではなく正式参加ということになった。

ここで、市長が住民投票条例に反対する理由を整理する。

一　議会が予算を伴うような条例その他の案件を提出する場合は、地方自治法222条1項により、あらかじめ執行部との事前調整を行うものと考えられるが、今回議会から提案の住民投票条例は、執行部と十分な事前調整は行われていない。

二　住民の意向を問う方法としての住民投票を否定するわけではないが、これから検討協に参加し議論を行うという段階においての、投票条例制定は適当でない。これから検討協で策定する将来の島づくりとしての建設計画を、住民に提示しない段階での住民投票は時期尚早である。

三　議会が住民投票条例の制定を行うということは、自らの判断を住民に委ねることになる。

四　先般住民アンケートを実施し、結果を公表して間もないこの時期での住民投票は、いたずらに住民を混乱させるのではないか。

五　今回のこの条例については、私に対する不信任と取らせていただく。それだけに、政治生命をかけて対応したい。

というようなものであった。

この住民投票条例の可決を受け、市長は「賛同するわけにはいかない」として、年末御用納めの28日に市議会臨時会を招集することに決め、告示した。

議件は、「住民投票条例を再議に付す」ことであった。

再議は通常の採決方法と違い、出席議員の３分の２以上の同意が必要となっている。この条例を制定するときには出席議員全員が賛成であったが、３分の２以上の反対票を集める算段はあったのであろうか。

１週間前に賛成して、今度は反対という訳にはいかないだろう。全会一致で可決された条例案が、再議で覆る可能性はほとんどなかった。

仮に再議で否決されても、市長は住民投票に必要な予算措置には否定的であった。一方、竹内道廣議長は、「市長はちゃんと予算措置をして執行するはず。再議に付されても粛々と否決するだけ」と市長をけん制していた。

この住民投票条例の制定は、平成13年11月に市長が表明した一島一市の合併を推進する政治姿勢に、事実上の不信任を突き付けられたことを意味し、議会との対立がさらに鮮明になってきた。

そのような思惑が含まれた、住民投票条例の再議が12月28日に行われた。

市役所は御用納めの日である。いつもの年は庁舎内外の大掃除を終えると、各課ではそれぞれの会場で思い思いの忘年会が行われていたが、今年はそれどころではなかった。

この日の再議は、議長を含む市議18人全員による無記名投票で行われた。

結果は、住民投票条例の制定に賛成12、反対6で、再議に必要な出席議員の3分の2以上の賛成を、ぎりぎりで満たした。

条例の撤回にはならなかったのである。

しかし、今回は反対票を投じた議員が6人となり、市議の中でも考えが揺れ動いているようにみえてきた。

成立した条例は、地方自治法により20日以内に公布される。公布されるとただちに施行され、その日から120日以内に投票が実地されることになった。

条例に基づく住民投票が実施されれば、合併関連では住民直接請求で7月に行われた埼玉県上尾市に次ぎ全国で2例目。議員発議では全国初のことであった。

新しい年が明けると、恒例の市長の新年記者会見が行われた。

市長は住民投票条例について、「住民の意思を問うということは大切であるが、その前に何をなすべきかである。今はもっと、一島一市についての議論を深めることが必要だと思う。このことを最大の政治姿勢として、3月議会で頑張っていきたい」と、強く主張した。

3月議会は当初予算案を審議する議会であるが、住民投票に必要な予算は計上しないことを暗に示唆した。

議員提案により制定された住民投票条例は、「市長が必要と認めたときに行うことができる」となっていることから、素直に解釈すれば、必ずしも義務行為ではないともとれる。

御用納めの12月28日に再議に望みをかけたにもかかわらず覆すことができなかった条

例は公布されるとともに施行された。法期限ぎりぎりの平成14年1月17日であった。

市長は、「法律に定められており市長の責務と思い公布に踏み切ったが、現段階において住民投票は必要ないということに変わりがない。条例があるにもかかわらず実施しなかった、という責任が問われるか分からないが、この後条例内容を修正して、議会側と接点を求めたい」と述べていた。

これに対して竹内議長は、「条例が施行されたからには、住民投票を行うのは当然のこと。50年もの歴史がある両津市の幕の引き際だけに、市民に賛否を問うのは当然のことだと思う」と市長をけん制していた。

しかし、市民の間では条例が施行されたのになぜ実施しないのかという、素朴な疑問がどうしても残っていた。素朴な疑問だけに、その対応には難しいところもあった。

素朴な疑問は市役所職員の中からも出てきた。両津市では課長級以上の職員が出席する、定例の庁議が毎月行われていた。この中でも市長は、「両津市が要望している事業が、新市の建設計画に組み込まれるかどうか、現段階では分からない。このように市民が判断する材料を提供しないまま、合併の賛否を判断してほしいというのは、不親切ではないのか」と、現段階では住民投票は実施しないという理由を、職員にも周知するよう指示した。

両津市が住民投票条例の制定で混乱している中、検討協では一島一市の合併に向けての議論が着々と進められていた。

平成13年12月定例市議会において、検討協に加入するための負担金の支出予算が議決され、平成14年1月から正式に加入すると同時に、合併事務局に派遣する職員の辞令も交付された。

今までは正式加入でなく、オブザーバーとして協議会には出席していたから、検討内容は承知していた。

検討協においての当面の課題は、合併の時期であった。前にも述べたとおり、合併特例法による特例措置があり、それによって各市町村の思惑も重なり議論は難航していた。

合併の時期について、他町村は平成16年中を要望していたが、両津市はその1年後の平成17（2005）年を要望していた。

合併特例法により、平成16年4月以降の合併となると吸収合併となり、両津市に有利になるという理由でなく、住民の意思を確認するのには、それだけの時間が必要であるということからであった。

他町村が警戒する、両津市が意図的に吸収するということは考えていなかった。

そのような中、両津市にはまた大きな動きが出てきた。合併の可否を問う住民投票条例廃止を求める動きである。

平成14年1月17日、直接請求代表者証明交付申請書が市長に出された。

申請者の代表、川内理三郎さんは「なぜ住民投票を行えというのか、理解できない。市議会は、自分たちの責務を住民に押し付けているのではないか。これから条例廃止の署名活動に入る予定だが、必要な数を集める自信はある」と話していた。

この住民投票条例廃止請求は、再議に次いで、住民投票条例に対抗する第2弾ともいわれていた。

市民の中から、条例があるのになぜ投票しないのかという声が、日増しに大きくなりつつあった。

地方自治法においては、直接請求もいろいろとあり、条例の改正、廃止などは、市長に対して行うことになっている。一方、市長村長や議員の解職請求、議会の解散などは、選挙管理委員会に対して行うことになっていた。

請求の手順として、まず署名を集める人の代表者であるという証明書の交付を、市長に申請する。

市長は、その代表者が選挙人名簿に登録されているかどうかの審査を選挙管理委員会に依頼し、登録されていれば代表であるという証明書を交付するとともに、告示しなければならない。

今回の場合の代表者は、川内さん他４人の計５人で、その５人で署名を集めてもよいが、その代表者から委任を受けた人も署名を集めることができる。

１月17日に、条例廃止を求める直接請求代表者証明の交付を求めていた市民に対し、23日に条例廃止署名活動に必要な証明書を交付するとともに、その旨を告示した。

住民直接請求の署名活動は２月23日までの１カ月間で、条例廃止請求には有権者数の50分の１以上の署名が必要で、今回は２９１人以上の署名が必要となった。

１月27日、条例廃止の直接請求を求める署名集めがスタートした。

署名集めをしたのは、前述した川内さんら市民５人と、代表者から委任を受けた川口市長後援会の幹部６人であった。署名集めは順調に進み、２月20日には５９０人分の署名がそろい市長に請求した。

法定数は２９１人であったが、署名はその倍以上の数であった。

２月22日になると、一島一市を目指す10人の議員が「合併推進議員連盟」を立ち上げた。この人数は議員定数18人の過半数となる。

その10人は、住民投票条例を議決する時に退席した人を除いて、条例制定に賛成した人たちであった。

会長の濱口鶴蔵議員は、「これまでは、個人個人の賛成、反対の意思がはっきりさせられなかった。一島一市の合併に賛成し、それを積極的に推進する議員が中心となり、3月定例議会までに考えを一致させたいと思った」(平成14年2月23日付新潟日報朝刊)と語り、事務局長の祝優雄議員も、「昨年の暮れから準備をしてきた。今後は合併推進の立場で、両津市がリーダーシップをとって進めていく。他町村でも同様の動きが出てくると思う」(同日付新潟日報朝刊)と、合併に対する並々ならぬ意思をにじませていた。

さらに、住民投票条例について、「民意ということから、住民の意向を聞いてもいいのではないかという、軽い思いからのことでもあり、今思うと、お粗末といえないでもない」(同日付新潟日報朝刊)と語り、また、副会長の梅澤雅廣議員は、「議会は、住民投票条例を制定したことで、市民を混乱させてしまった。このことから、条例廃止を求める住民直接請求にまで発展した、その責任を議会が負うべき」(同日付新潟日報朝刊)、との認識を示した。

佐渡の玄関口、両津市で市町村合併をめぐる騒動は一向に収まる気配がなかった。

一島一市の合併の是非を市民に問うという住民投票条例が制定されたというのに、投票を行うのか、行わないのか。今は住民投票は必要でないという市長に、住民投票はどうしても必要だという市議たち。

合併後の将来のビジョンをよそに、市長と議会の駆け引きが続いていた。

さまよう投票条例

佐渡も3月になると梅の花が咲き、桜の蕾(つぼみ)もほころぶ。

そのような中、新年度予算を審議する3月定例市議会が始まった。

住民投票条例の改正について市長は、「3月議会に向けて議会側と調整したい」と意欲を持ち、3月13日住民投票条例改正案を追加議案として上程した。

改正案は、住民投票の実施時期について、改正前は「施行してから120日以内に住民投票を行う」となっていたものを、「市長が適当と認めたときに議会の同意を得て行う」という内容に修正した。

「施行後、120日以内」というのと、「市長が適当と認めたとき」とではどのように違うのか。

改正前の「120日以内に実施する」というと、施行が1月17日であるから、その後

120日、つまり5月16日までに、投票を終わらせなくてはならないということになる。これは物理的、つまり投票までの事務的な作業がそれまでに、間にあわないということであった。

選挙管理委員会では、準備に2カ月は必要であろうとの見解を示していた。

市長は、「従来の条例の120日以内となると、一島一市の建設計画もできてなく、市民に対して十分な情報の提供ができない。今後住民説明会を開き、住民の意見が拮抗した時に必要なら投票を実施する」と、理由を説明した。

この改正案を受けて議会は、広域行政等調査特別委員会を開いた。特別委員会は賛成、反対で議論が伯仲した。しかし、両者ともそれぞれ深入りはできなかった。

条例改正に賛成する議員は、昨年暮れの条例制定に賛成し、しかも市長が再議までして抵抗した時にも賛成した。その条例を、わずか3カ月で改正することに対する後ろめたさがあった。

一方、条例改正に反対する議員にしてみれば、賛成派が多数となり、採決をすれば数が物言う議会であり、不利な状況であることは十分承知であった。

反対派は、「この改正案に賛成してもよい。引き換えに、市長側が行っている、条例廃止を求める直接請求をやめてほしい」という裏取引があったと漏らす議員もいた。

それぞれが思惑を持ちながらも、特別委員会ではこの改正案について賛成することになり、３月22日の市議会最終日に、投票条例改正案は全会一致で可決された。

ある反対派の議員は、「投票を実施するまでの表現は変わるが、現行条例と大差はない」と話し、また市長は「今後の全島での合併協議に応じ、必要ならばやるということ。もちろんやらない可能性もある」と、それぞれが思いを話していた。

住民投票を先延ばしする投票条例改正案が可決されたことにより「市長も我々も主張がほぼ認められた」として、投票条例廃止を求めて直接請求をしていた市民グループは、改正案議決後の25日、請求を取り下げた。

この投票条例改正の経過を振り返ると、合併に反対する議員のしたたかさとともに、議会は数であるということを改めて思い知らされた。

住民投票条例の廃止を求める直接請求により、粛々と直接請求の手続きを進めていけば、やがて舞台は市議会において採決になるであろう。

市町村合併に賛成する議員は、地方自治法に基づく手続きであり、何のわだかまりもなく堂々と、投票条例廃止の意思表示ができる。

しかし、市町村合併に反対する議員は採決されると負けることは明らかであり、住民投票条例そのものが廃止される、これでは大変と市長の改正案にのってきた。

反対派にしてみれば、直接請求により廃止される可能性のあった条例が、改正ということで生き延びたわけであるから、合併に反対するための一つの手段が残された。

一方、市長の方も「条例があるのに、市民になぜ投票させないのか」という批判があることから廃止をしたいところだったが、住民感情からして強硬策は避けたかったのかもしれない。

どんなことでもそうであるが、一つの結論を見いだすまでには、いろいろな要素が絡み合い、その絡む要素を冷静に判断することも、大事な事であろう。

この一連の騒動の中、合併に賛成する議員と反対する議員の色分けもはっきりしてきた。

前年の12月議会では、議員提案の投票条例が満場一致で可決された。あくまで条例制定に反対していた市長は、再議にかけてまで抵抗したが、再議までも否決され、条例は制定された。

しかしその後、その条例に賛成した議員たちが合併推進議員連盟を立ち上げた。

推進議員連盟の議員数は過半数を超える10人であり、さらに1人追加され最終的には

11人となった。

農家では田植えが始まり山桜が満開となった。山桜は派手さはないが風情があり、どことなくはかなさを感じさせる花で、同じ桜でもお花見という浮かれた感情が湧いてこない。

その山桜が散り始め、新緑が濃くなってくると、祭りのシーズンに入る。

両津には豊漁を願う５月５日の「湊まつり」、６月16日に商売繁盛祈願の「夷祭り」、そして８月７日・８日には両津港の開港を記念する「七夕川開き祭り」の三大祭りがある。その中でも特に、七夕川開き祭りは島最大の祭りで、２日間にわたって行われる。

祭りの１カ月前から各町内では、思い思いの山車の制作に忙しくなる。テレビの人気アニメや、童謡の主人公、はては時の人など、工夫を凝らした山車が街を練り歩く。

しかし、その祭りの日と呼応するように、「住民投票実施を求める陳情を進める、元両津市議会議員」18人が署名活動を始めていた。

呼びかけ人は、元両津市議会議員代表　元議長猪股悌二郎、同じく元議長山口寿一、元議員近藤昇の３人、さらに「陳情活動」を進める議員代表として伊藤昭平、白井宏、加賀博昭の3人の名前があった。

趣意書には、平成14（2002）年10月1日に法定協議会ができることになっているが、それまでに住民投票を実施するようにという内容が記されていた。

署名簿は、七夕川開き祭りの余韻が残っている翌日の、8月9日に市長に手渡された。

署名開始前の記者会見で、目標は2～3000人と発表していたが、その目標をはるかに超える、6000人余りの署名が集まっていた。

実に有権者の40％を超える署名数であった。

このような中、2回目の地域別住民説明会が行われていた。市内16カ所で約1200人が参加した。

1回目の住民説明会からの動き、両津市が求めている大規模開発、合併の期日、新市庁舎の候補地などを説明し、その後の質疑ではやはり住民投票条例に関することが多く出た。

「投票条例があるのに、市長はなぜ行わないのか」という素朴な質問が相次いだ。

「住民投票は早くやってほしい、しかし一島一市の合併には賛成だ」という人もいた。

市長は、「市民にとって好ましくない方向性が出た場合は、重大な決意をする。でも、今はまだその時期ではない。法定協議会設置前は物理的にできない」と、現時点では住民投票をする意思はないことを強調した。

そのような話題をよそに、自然の移ろいは秋を迎え、国仲平野が一面黄金色になる風景が今年も再現された。

そんな秋の平成14年10月3日、佐和田町の佐渡中央会館で第15回検討協議会が開催された。当日の議題は新市庁舎の建設地についてであった。

候補地は、金井町と佐和田町の2カ所に絞られていた。佐和田町の町長は、「新市庁舎が佐和田町に来ない場合は、協議会から離脱する」との発言をしていた。

この事態を受けて、もう少し時間をかけて協議しようという市町村長側と、時間をかけても結論は同じことだという議長側とが対立したが、市長村長側が押し切られ、両候補地について採決をすることになった。

採決の結果は、16対3で金井町に決定した。

すると突然、佐和田町の町長と議長が、「この一島一市の検討協から離脱します」と発言を残し、退席してしまった。

事前の通告から少しは予想していたが、実際に退席したので市町村長・議長ともにあぜんとなり、その後ろ姿を見送るばかりであった。

佐渡一島一市の合併が、破綻した瞬間であった。

今までは、一島一市として10市町村の合併が前提で協議してきた。これが、9市町村となると構成員が離脱したことになり、協議会は事実上の解散。合併構想は白紙となり、振り出しに戻ってしまった。

佐渡一島一市でなく、今度は佐渡9市町村検討協ということになり、まず規約の見直しから、さらに財政状況の数値、職員数、その他多くの手直しが必要となってきた。

協議会事務局は、大変な作業を強いられることになった。

さらに、それと同じことが両津市でも起こった。

住民投票条例のタイトルは、「両津市が佐渡一島一市の合併の可否を住民投票に付するための条例」。つまり一島一市が前提の条例であり、9市町村の合併については、適用できないということになった。

両津市で住民投票条例はあっても、住民投票はできなくなった。

佐和田町の検討協からの離脱騒動が、両津市にも飛び火してきた。

佐和田町が、一島一市の検討協からの離脱届を協議会事務局に提出したのは、平成14

年10月７日であった。

このことを受けて両津市では、住民投票条例はあっても投票ができないことから、２カ月後の12月５日、元市議ら４人が一島一市の住民投票条例を、直接請求で改正するための手続きを申請した。

しかし、この改正案は単に９市町村の合併ということにとどまらず、ことのついでに住民投票の実施時期にも言及していた。

従来の条例は、「市長が適当と認めたときに議会の同意を得て行う」とあるが、改正案では「合併協定書の調印前までに、これを実施する」となっていた。

平成14年も師走に入り、12月定例市議会が始まった。この議会でも市町村合併に関して、多くの問題提起があった。

佐和田町が検討協から離脱したことにより、主に合併に反対の議員から合併の枠組みについての議論が再燃した。

枠組みを大まかに分類すると、賛成の議員も含め佐和田町を除く９市町村、あるいは佐和田町と南部の小木・羽茂・赤泊を除いての６市町村、また、両津市と新穂村、さらにそこに金井町を加える。はては新潟市となど、さまざまな案が出ていた。

現状では、佐和田町は単独ということであるから、島内は１島２市町以上ということになってきた。

さらに、合併期日についても、大詰めを迎えていた。

平成16（２００４）年3月を合併期日とすると、合併の検討協でなく、合併特例法に基づく法定協議会（以下「法定協」という）の設立が、早急に必要になってきていた。

検討協では、「特例法に基づく合併協議会を設立するのだから、各市町村議会の承認が必要」という議長側と、「議会の承認が必要となると、合併時期に間に合わない」という市町村長側の綱引きで、結局議長側の意見が通り、議会議決が必要となった。

一方、両津市ではまた新たな問題が起きてきた。

裁判の原因となった、電算システム統合の業者選定方法と、債務負担行為についてであった。

電算システムは、約16億円という大きな額だから、業者選定については入札方式にすべきという意見が多かった。

しかし、検討協では入札をしていたのでは合併期日の平成16年3月に間に合わなくなるということで、プロポーザル方式を採用して業者を選定することになった。両津市を除く、各町村の意見に押されてしまった。

しかし、あくまでも入札を主張する両津市議は、「そのことにより合併期日に間に合わなければ、合併を延期すればよい」と、入札制度を盾に声高に主張した。

12月定例市議会では、9市町村による法定協の設立と、電算システム統合の業者選定方法が、市長の提案した通りに可決されたが、電算システム導入については、この後に大きな問題を残すこととなった。

多くの課題を残しながらも、12月定例市議会は閉会した。今年は前年と違い、議会最終日には市幹部職員も参加し、議会との恒例の合同忘年会が行われた。

年が明けて平成15（2003）年1月7日、佐和田町を除く1市6町2村で、合併特例法に基づく協議会が設立された。

法定協の会長には、小田初太郎畑野町長が就任し、法定協終了後ただちに市町村長・市町村議会議長が新潟県庁を訪れた。

平山征夫新潟県知事に佐渡市町村合併協議会、いわゆる法定協の設置を届け出るためであった。

これで法律の手順に従い、平成16年3月1日の合併に向かって進むことになった。

小田会長は佐和田町について、「近い将来には、佐渡一島一市での合併を目指して船出したい」と、法定協設立のあいさつで述べていた。

一方、佐渡一島一市の合併協議から離脱した佐和田町は、齊藤和夫町長が辞任、さらにその後、大澤祐治郎議長が辞任するなど混乱の中町長選挙が行われ、「一島一市を目指したい」という中川修氏が当選した。中川新町長は、就任間もない平成15年2月24日に、法定協に再加入を申し入れた。

法定協では3月8日臨時会を開催、一部の首長は難色を示したが、さりとて固辞する理由もなく、全会一致で佐和田町の再加入を承認した。

一島一市の合併を目指す1年前のことである。佐和田町が再び協議会に加入するということになると、両津市の住民投票条例は、再びややこしくなった。

一島一市でなく、9市町村での枠組みを前提として、昨年暮れの12月5日に条例改正の直接請求が出ており、手続きは進行中であった。

佐和田町が再加入の申し入れを行い3月8日の法定協で承認したので再び一島一市の合併となる。その時点で直接請求は意味がないということになるが、直接請求の取り下げがない限り、手続きは進められることになる。

島内に市町村合併騒動が起きてから、4度目の春が訪れた。

両津市では、平成15年度の予算案を審議する3月定例市議会が行われていた。

この議会でも、合併に関する論戦が展開された。

「市長や議員のみで、両津市が消滅するという大事なことを決めてもいいのか。住民の声を聞くべきだ」などと市長に住民投票実施を迫ったが、市長は「住民投票を否定するものではないが、市議会において、法定協への移行を出席者全員が賛成したことは重要な意味を持つ。あえて市民を混乱させる住民投票を実施する必要はない」と、住民投票をする意志のないことを強調していた。

その議会最終日、佐和田町を除いての１市６町２村での合併を基とした、直接請求による住民投票条例改正案が採決され、賛成６、反対11で否決された。

もしこれが賛成多数で可決されると、実際に進められている一島一市の合併には適用されず、住民投票をしても意味が無くなる。合併に反対している人が、賛成するというのが分からない。

改正案に反対した議員は、「住民投票条例の重要性は変わらない。あえて改正する必要はない」と話し、また賛成した議員は、「否決されたら大騒動になる。市長や議員のリコールが出てくる」と話していた。

佐和田町が再加入し、一島一市に向けての合併協議は、幾多の課題を抱えながらも、平成16年３月に向けての協議が急ピッチで進められていた。

そのような中、両津市ではまた新たな火が燃え上がった。

両津市議会解散の住民直接請求手続き申請が、選挙管理委員会に出された。平成15年4月30日のことである。

市議会議員全員の解職請求、いわゆるリコール運動である。

「住民投票をやらない市長をリコールするならまだしも、何で市議会議員に矛先を向けるのか」という市民が多くいたのも確かであった。

市議会は平成13（２００１）年12月に、全会一致で住民投票条例案を議決した。それにもかかわらず、住民投票を回避しようとした市長の動きに一部の議員が同調したため、住民投票はまだ実現していなかった。

議会解散の直接請求は、条例を改正する直接請求と違い、議員の資格をはく奪する請求であることから、条例改正の場合と手続きが違っていた。

まず、住民の署名の数であるが、条例改正の場合は有権者の50分の１以上あればよいが、議会解散の場合は、有権者の３分の１以上の署名が必要となる。

両津市の場合、有権者の３分の１は４７６３人となり、それ以上の署名が必要となる。

合併に向けて今後のスケジュールは、平成15年６月に招集される10市町村の定例議会において、廃置分合案の議決、７月に新潟県知事に対し廃置分合の申請をし、その後新潟県議会の議決を経て国に届け出をし、それに基づいて国が廃置分合の告示をする。

その一連の手続きにより、正式に一島一市の合併が決定されることになる。法定協事務局では、国の告示を10月末までに、遅くとも11月中旬までには終わらせたいと作業を進めていた。

そのような状況下での、市議会の解散請求である。

しかし、直接請求は地方自治法に定められた有権者の権利であり、粛々と進められることになる。

重複する部分もあるが、議会解散の直接請求の手順を改めて整理してみる。

平成15年４月30日に提出された、直接請求手続き申請について、選挙管理委員会に請求申請した代表者が、選挙人名簿に登録されているかの確認をし、登録されている場合は請求代表者に証明書を交付し、その旨を告示する。

その後、署名集めを行うことになるが、署名集めの期間は１カ月以内で、選挙管理委員会に署名を提出する必要がある。選挙管理委員会では、署名した人が選挙人名簿に登録されているかの審査を行い、有効署名数を告示するとともに、提出された署名簿の縦覧を行う。同時に異議の申し出を受け付けることになる。縦覧後、最終的な有効署名数を確定し告示をするとともに、請求代表者に返付する。

確定数が3分の1以上であれば、請求者は議会解散の本請求を行うことになる。

選挙管理委員会は、本請求を受理した時には、解散の賛否投票に先立って市議会から弁明書をしるし、請求の趣旨と合わせて、解散投票の投票日の期日とともに告示をし、投票所の入り口に掲示するという流れである。

最後の攻防

住民から市議会解散請求の出ている中、6月定例市議会が始まった。

一島一市から1市6町2村になり、さらに一島一市に戻るという紆余曲折の中、論戦が始まった。

一般質問も市町村合併一色となり、賛成議員は5人が、反対議員は6人が行った。議会日程も3日間を要し、定数18人になった4年前から、一般質問で3日間を要したことは初であった。

一般質問など所定の議事も終わり、いよいよ最終日を迎えたその日、合併に反対する議員から、突如、両津市議会自主解散請求動議が提案された。

提案理由は、「住民投票を実施しない首長と、議会の責任を問う」というものであった。

議場は一時騒然となり、審議はしばし休憩に入った。

休憩後、自主解散動議に、賛成、反対のそれぞれの立場から討論が行われ、採決の結果、自主解散に賛成6、反対11で自主解散動議は否決された。

この市議会が行われている中、6月12日に市議会解散請求の署名を集めていた団体の代表者から、選挙管理委員会に対し署名簿が提出された。

署名数は法定数の4763人をはるかに上回る、6033人であった。

この後、選挙人名簿との照合など所定の手続きを経て有効署名数が確定し、3分の1以上になると本請求が行われ、議会解散可否の住民投票が、実施されることになる。

6月定例市議会は、騒動の中で終わったが、一島一市合併の山場となる、「市町村廃置分合案」の議決が残っていた。

法定協では、平成15（2003）年6月30日までに議決という約束であったが、両津市は7月1日に臨時市議会を招集し、審議する日程が組まれていた。

この廃置分合案が議決されると、一島一市についての市町村の意思が、確定してしまうことになる。

合併に向けての協議は着々と進められており、平成15年6月28日には合併期日、新市建設計画、新庁舎の位置など法定協で合意した合併協定書の調印式が、新潟県知事代理の川上忠義副知事をはじめ、多くの関係者出席のもと行われた。

さらに両津市を除く9町村では、法定協との約束通り6月30日までに、市町村廃置分合案は原案通り可決されていた。そして、この合併の山場、天王山ともいえる市町村廃置分合を審議する臨時市議会が、両津市でも招集された。

平成15年7月1日のことである。

議場の狭い傍聴席には賛成、反対を支持する市民がそれぞれ陣取り、審議を見守っていた。

本会議に入る前に、議会で設置した広域行政等調査特別委員会を開き、対応策を協議した。しかし、ここでは合意には至らず、対応策として異例の正副議長経験者会議を開催。

ここで突然、竹内議長は蒋原正次郎副議長に議員辞職願を提出した。

竹内議長は、「市民から6000人を超える市議会解散の直接請求が出ており、両津市議会は死に体になっている。その市議会がこのような大事な事案を審議するのは、議会制民主主義に反する」と、辞職の理由を述べていた。

傍聴していた市民からは、「筋が通っている」という意見と、「勝ち目がないので辞めただけ」と、合併に賛成、反対の立場からいろいろな意見が聞こえていた。

市議会は本会議を開催し、竹内議長の議員辞職を承認、後任議長に蒔原正次郎、副議長に祝優雄を選出した後、佐渡一島一市合併廃置分合案について審議の結果、賛成11、反対5で可決された。

平成15年7月1日、午後11時のことであった。

法定協では両津市のこの議決を受け、7月4日、新潟県知事に対し佐渡一島一市合併に伴う廃置分合を申請した。

7月28日になると、市議会解散の署名集めをしていた「新市議会をつくる会」が、両津市議会解散を求める本請求を行った。

この後、選挙管理員会は本請求のあったことを告示し、告示の日から60日以内に解散の賛否投票を行うことになる。

選挙管理委員会は、市議会解散の賛否投票を行うにあたって、地方自治法に定められている手順として、両津市議会に対し弁明書の提出を求めていた。

これを受けて市議会は8月12日、臨時市議会を招集し弁明書の審議を行った。

合併を推進する議員から弁明書の案が提示されたが、その文書の内容をめぐり賛成議員、反対議員が対立した。

従来からの申し合わせ事項として、動議のような場合は全会一致とされていたが、双方とも歩み寄る見込みがないことから、議長はこれを取り上げなかった。

その結果、本会議において合併推進派から議長不信任の動議が提出された。議長は休憩を宣言、休憩中に祝副議長に辞職願を提出し、全会一致で同意された。

合併反対派議員が欠席の中、新議長に祝優雄、副議長に中川勉を選出した。

問題となった弁明書は、推進派、反対派それぞれの弁明を両論併記する形で選挙管理委員会に提出され、投票所入り口に掲示された。

この混乱の中、8月25日には両津市議会解散を問う住民投票が告示され、9月14日の投開票に向けての舌戦が展開された。

投票の結果は、市議会解散に賛成3224票（35・5%）、解散に反対5852票（64・5%）で、解散は不成立であった。

また8月23日には、両津市議会は議会としての機能を果たしていないとして、3人の議員が辞職した。

この流れと並行して、議員の加賀博昭他2人が、「住民投票条例があるにもかかわらず住民投票を実施しないまま、合併後の電算統合システムなどの負担金を支出するのは違法」として、住民監査請求を行った。

しかし監査委員は、支出は適法として請求を棄却したため、今度は新潟地方裁判所に対し、合併負担金支出が違法として、支出差し止めを求める訴訟を起こした。

そして、平成15年11月４日、総務省が佐渡一島一市合併に伴う廃置分合が告示され、幾多の紆余曲折を経た全島一市合併のドラマが、ここに幕を閉じたのである。


両津市ではその後、任期満了に伴う両津市長選挙と両津市議会議員選挙が11月16日に告示された。

両津市長選挙は、現職の川口市長が６２８７票を獲得し再選された。対立候補は加賀博昭氏で３５４８票であった。

また市議会議員選挙は、立候補者数が定数と同じ18人で無投票となった。

第2章2節　市町村合併までの両津市のあゆみ

元両津市助役　市山　征紀

平成11（1999）年、地方分権や合併特例法の施行により、新潟県からも一島一市のパターンが示され、行政指導を受けることとなりました。

これに対し、川口市長からの一島一市推進の強い意志と指導により、両津市としてどうあるべきか庁議（3役・課長出席）を開き、議論を重ねてきました。

・自主財源が乏しく、依存財源や国・県の支出金にて行政を執行せざるを得ない以上、国・県の行政指導に従うべきだ。

・少子高齢化や若者の島外流出により、過疎化が深刻。

・合併を推進するには、市である両津がその中心となるべきだ。

以上のような結論となり、執行部一丸となって取り組むことになりました。

一方、議会の意見はさまざまでした。

・両津は既に市です。なんで合併により町村の負担をしなければならないのか。
・市として発展するならば、新潟市と合併するのがよい。
・庁舎が移転するならば市民が不便になる。
・町村では本庁の取り合いがある。
などの意見から協議が進まない状況が続きました。


以上の状況をふまえ、最終的には民意を尊重しようということで、地区別に住民への説明会を開き、最終的には合併可否のアンケートを取ることになりました。

民意は合併必要が62・６％、一島一市が62・４％となりました。

しかし、この結果を回収率が低いなどの意見があり尊重していただけず、残念な結果となりました。

その後も、議会の一部との対立が続きましたが、執行部としては住民投票条例については民意がアンケートで示されているので、これ以上多額の費用をかけ住民を混乱させるべきではないとの結論から、住民投票を否定してきました。

このように議会内部の対立が長引いたので、住民が立ち上がり合併を進めるべきとの声が大きくなって、一島一市の合併協議会に進むことになりました。

合併協議会では助役会が中心となり議論を重ね、本庁は佐渡の地理的中心である金井、支所については両津、南部（小木・羽茂・赤泊）、相川地区の3カ所にすると会長に進言しました。

第2章3節　回　顧

元佐渡市議会議長　濱口　鶴蔵

佐渡島における地域振興の流れをみるとき、数世紀の間には2つの出来事が歴史に影響を及ぼしたと言える。それは、佐渡金山の開発と日本海における西廻り海運の発達に果たした役割だ。

相川の金山を中心とした佐渡の繁栄は、怒涛（どとう）のごとく多くの人を島に呼び寄せたが、17世紀に入って鉱山が衰微するに伴い、人々は潮のように引いていった。

金山の関係で天領であった佐渡は、明治維新に佐渡県となり、明治４（１８７１）年には相川県と改称、明治９（１８７６）年には新潟県に吸収合併された。

明治22（１８８９）年の町村制施行で、島内が7町51村に統合され、明治34（１９０１）年11月の全県的な町村合併では5町21村となった。

その後、昭和まで行政区域の大きな変化はなく、昭和28（１９５３）年の町村合併促進法に基づき、佐渡も昭和29（１９５４）年3月に相川、二見、金泉の3町村合併が行われ相川町が発足、これを皮切りに昭和32（1957）年まで島内で市町村合併の動きが活発化した。その結果、佐渡は1市7町2村になった。

これらの合併にあたり特に注目されたのは、村を半分に分けて分裂合併をした吉井村である。吉井村では町村合併促進法施行当初、新穂、畑野、真野、金沢を含め「国仲5カ町村」合併の機運があった。

一方、吉井村の東部に隣接する両津町では「市制」施行のため、人口3万人を達成しようとして広域的な合併が計画され、吉井村へも合併を求める動きがあったと記録誌に記されている。

このような中で「国仲5ケ町村」合併の足並みが乱れると、金沢村では水利、学区の点で関係の深い吉井村との合併を希望する声が強まり、吉井村は市制反対派と市制推進派へ分裂し、吉井村の分村論が台頭した。そのため吉井村では昭和29年9月議会で東部7部落（集落）は両津町への合併、西部6部落（集落）は金沢村と合併することが議決され、11月に正式に両津市の誕生、金井町の誕生となる。

しかしその後においても再編成問題は混迷を深め、昭和35（1960）年1月、金井町では、両津市への分離、編入の賛否を問う全国でも珍しい住民投票が行われた。しかし、法定数に達せず、金井町の町域は現状維持に落ち着いた。

このように、明治から昭和にかけて佐渡の町村合併が行われてきた。これ以降、平成の合併まで表面的には大きな変化はなかったが、生活圏の拡大や経済活動の広域化を求めて、佐渡一島一市への動きは徐々に膨らみかけていた。

平成11（1999）年7月、国の地方分権一括法の成立後、県も平成13（2001）年2月に「新潟県市町村合併促進要綱」を公表した。佐渡は一島一市のパターンで進むべし、との提案であった。この時、前段で述べた過去の佐渡の合併論争を顧み、平成の合併に乗り遅れてはならないと強く感じた。

まずは「基本的理念」とする任意の検討協議会（以下「検討協」という）が設置された。しかし「一島一市ありきではいけない。合併の是非を含めて住民の意見を集約することが大事」という趣旨にのっとり、両津市は市長も議長も検討協にはオブザーバーとしての参加にとどめておくべきということが議会の総意であった。

当時を振り返ると、執行部側ではいち早く検討委員会を設置。また、他町村に先駆けて合併対策室をつくり、行政としての役割を果たすべく、あらゆる計画・立案に努めていたことを議会も高く評価していた。

地区別住民説明会の開催も3度にわたり、全49会場で行われた。また、市民会館で約

800名を集めての合併討論会開催や、その後の市内全世帯へのアンケート調査を経て市長も一島一市の選択を表明した。

その後、予算を認め、検討協議に正式参加し、職員の合併事務局への派遣も行われることになった。また、議会にも合併特別委員会があり、検討協開催の都度出席した議長から報告を受け、課題に対して協議を重ねてきた。

平成14（2002）年も合併協議が進んでいるなか、両津市では合併可否にかかわる「住民投票条例」廃止の直接請求が出されたり、合併に否定的な議員個々の活動が見え隠れしてきていた。合併を強力に進めていくため、早急に合併賛成議員の一致団結を図り、将来を見据えて合併に反対する議員に対抗し、議論を深めていかなければならない時期と考え、合併賛成議員を募り合併推進議員連盟（以下「推進議連」という）を立ち上げた。

発足後は、各議員が島内町村の動きをみながら、合併協議の内容などの確認を行い、必要に応じて会議を開催し、あらゆる方策に思いをめぐらせ対処方法を協議してきた。会報も都合7回発行してきた。住民投票、議会解散直接請求など、これらの問題提起に対する対応においても、混乱する協議を正常化するため、原因を的確にとらえ、正しい道筋をつけることに努めた。

しかるに、政治を志す者は理念を持って国を守り、国民の福祉向上に取り組むことでは一致していると考えるが、両津市議会の状況は一部の議員が所属政党の理念とかけ離れた行動に終始していた。己の利益追及のため政党名を利用する姿と映り、情けなく、大いに反省すべき事態である。

○住民投票の条例改正について
「条例施行の日から１２０日以内」を「市長が適当と認めたときに議会の同意を得て」に改正された。これは「時」と「とき」の意味の違いで使い分けるもので、職員で設置している法令審査委員会の努力があり、つまり玉虫色にしたということ。

「市長が適当と認めたとき」とは、新庁舎の位置の決定、新市建設計画の策定など合併協議の最重要項目において両津市の意見や要望が認められず、結果、両津市にとって合併が不利益となることが懸念される場合、合併の是非を市長及び議会のみで判断するには事があまりにも大きく、市民に直接この判断を委ねた方が望ましいと考えたときである。もちろんこの場合、予算も必要となることから市長が議会と十分な協議を経て、住民投票を実施するというものであった。

このことは、市長が参加した地域別住民説明会や議会でも明確に説明してきたものであった。この頃、すでに終了した重要項目での協議は両津市の意見要望が認められたため「住民投票」を実施する必要はなかった。

○住民投票を「合併の条件」とした場合の問題点や、住民投票を「実施」した場合の問題点について

この議論は、議会の合併特別委員会で十分議論を深めてきたことであり、市として大事な時期に至って、不信感を招くことは絶対あってはならず、慎重な対応が求められることを肝に銘じ、対処しなければならないと訴えてきた。

平成14年7月30日までに13回の協議会が開催され、新市の名称など合併に関する数々の項目について協議・確認がされた。

その頃、両津市だけでなく各町村でも住民説明会を開催し、いよいよ協議も進み「法定協議会」設置の段階に入って、合併に向けて順調に進むと思われていた矢先、新市の庁舎の位置をめぐり協議が暗礁に乗り上げる事態が起こった。

この事態を聞いた折に感じたのは、推進議連を設立する前から佐和田の動きが活発化していたことである。それは、佐和田議会と相川議会で勉強会を開催、31人が参加し、

合併事務局職員を講師として、市町村合併の経過と今後の流れについて学び、その後、意見交換へ入ったと報道されていた。

合併の是非に協議が終始しながらも、終盤に大澤佐和田町議長が「新庁舎は、住民にとって便利で栄えており、発展性のある場所が望ましい」と突然の発言を行った。当時、各議員はほとんど反応を示さなかったと聞くが、「もっと（庁舎の）話をする予定だったはず」と佐和田町議の声もあった。

このことは、佐和田町が隣接する相川町の取り込みを狙ったのではないかと、周辺自治体が疑心暗鬼になることにつながった。

両津市でも、この庁舎問題は推進議連の中で時間をかけ協議を重ねていることであった。間もなく開催された（10月３日）検討協で、庁舎の位置に関して、２つの候補による採決を行った。その結果、金井地内に決定されたことから佐和田町が協議会を離脱した。

一島一市が決裂した任意協議会終了後、９市町村長は直ちに意思確認を行った。これから一致団結して進むため懸念する問題が挙げられ、合併をめぐり議会が割れている両津市の動向に注目が及んだ。

我々両津市の推進議連とすれば、強力に合併を進めていく立場であり、全議員18名中合併反対は7名で、この状況から心配は無用と考えていた。しかし、他町村は警戒を緩めなかった。

両津市の推進議連の祝優雄幹事長はこの時、「これまでの任意協決定事項を大事にすり合わせていけば大丈夫」と太鼓判を押す。また、住民投票条例も一島一市の崩壊とともに効力を失った。反対派が仕掛けることは何もないと見切る。

各町村長のコメントも佐和田離脱に関し、一島一市のために戻ってくることを願う発言が多く、両津との部分合併や、佐和田との部分合併などの選択肢は各首長の頭にはなかったと考えられる。

平成15（2003）年3月16日は佐和田町再加入による法定手続きを踏まえ、再び一島一市を目指す10市町村による合併協議が開催されることになった。

同年6月30日には市町村合併を最終決定する地方自治法に基づいた「廃置分合」ほか関連5議案審議のため、両津市でも臨時市議会を招集したが、緊急質問や議会内の調整で議決できなく、翌日7月1日の議決となった。

○議会解散直接請求との関連について

矛盾だらけの請求であった。直接請求は住民の権利の一つであるが、請求内容は本当の議会解散の請求なのか、両津の地名をつけよ！という請求であるのか、あるいは合併に反対するための請求なのか、判断に苦慮する請求であった。

経過をみると、一部の議員が積極的に住民を誘導しており、自分の主張が議会で通らないから、住民に与えられた権利を議会対策の道具に使った行為とみられた。

しかし、「新市議会をつくる会」による解散の直接請求署名簿について選挙管理委員会は６０３３人の12・３％にあたる７４３人の無効を確定した。そのことから私共も緊張感をもって縦覧・点検を行った。

そもそも議会解散を求める署名であるからには、適法で堂々としたものであってほしいとの思いを打ち砕く、不正や疑惑の署名簿を見せられ、驚きと落胆を覚えたところである。例えば、入院中で署名のできる状態でない人や、頼まれたことも署名したこともない人の署名捺印があり、受任者（署名を集めることを選管に届け出た人）以外の人の集めた署名簿などもある状況だった。

さらに、同一筆跡、代筆、偽筆なども見られ、刑法１５９条私文書偽造、私印の不正使用やゴム印の使用など、刑法１６７条の私印偽造にもあたるのではないかと思われる、誠にひどい署名簿だった。

しかし、有効署名が法定数を超えていたことから、9月14日に議会解散の是非を問う選挙が実施され、結果、解散に賛成が３２２４人（35・5％）、解散に反対が５８５２人（64・5％）となり、議会解散は不成立となった。

両津市がこのような状況でも、法定協議会の動きは、先の各市町村の廃置分合議決を受けて県知事に申請が行われ、県議会で議決。それを受け県知事が総務大臣に届け出を行い、総務大臣が官報告示を行った。官報告示は平成15年11月4日。

平成16（２００４）年2月には佐渡の各市町村で住民とともに閉市・閉町・閉村の式典が行われた。同年2月29日には佐渡市町村合併協議会の解散が行われ、3月1日の佐渡市発足を迎えたのであった。

第２章４節　両津市の住民投票条例

元佐渡市議会議長　竹内　道廣

そもそも合併の考え方について、議会側と執行部側に大きな違いがあった。

何のために国が合併を行おうとしているのか、当時の三千数百の自治体に対して、合併させて数を少なくし、住民一人当たりの交付税の額を減らしたい考えがあった。そんな国の策略に軽々に乗ってはだめだと判断した。

残念なことに新潟県が一番に乗ってしまった。やたらに乗っていいか、乗ってはならないか、どうしたら得か、得な選び方を考えなければならなかった。

新潟県が一番合併率が高い。これからどうなるか、ゆっくり様子を見ていた。これは簡単に乗ってはいけない。全島一つなどと言ってはだめだ。全島を三つくらいにして、国から特例をもらいながら段階的に進めるのが正しい。

一度に全島一市にするというのは国のもくろみ通り。こんなことをすると大変なことになるよと、これで進んでいっちゃだめだということが私の基本的な考えだった。

一島一市合併可否の住民投票条例を作るときは、議員の中で反対するものはほとんどいなかった。

今回の合併は、佐渡を三つにすることが理想だと思っている。10年たったら二つに、さらに最後は一つに。このように段階的に行うのがベストだ。

しかし、合併することによりいろいろな特例がもらえるのに、どことも合併しない方法はない。これに乗ろうかと我々は新穂と話し合いをしたりもした。

それと行政の中心をどこが握るのか。それが一番の重大事だった。両津市が行政の中心になるならどこでも飲み込んでやる。10市町村どこでも構わない。しかしそうはならないだろう。おそらく佐和田がキャスティングボートを握るようになるだろう。そこへ両津市が追従する形で行くんだろうから、全島一市の合併でなく、部分合併するというのが私の考え。最終的には住民が決めるというのが、議会内のほとんどの意見であった。

平成13（2001）年12月21日の議会最終日に住民投票条例を議員提案した。採決の結果満場一致で議決し、条例ができたが、市長はそれに対抗し再議を12月28日に行った。今度は6人が条例に反対した。

協議会に両津市から持って行った合併の条件は三つある。一つは庁舎の位置。佐和田という人もいたがこれは絶対に飲めない。庁舎はやはり地理的中心である金井だ。次は総合保健センターを両津地内につくること。もう一つは北埠頭の開発を行うことである。

ほかの町村もそれぞれ要望を持ってきていた。

佐和田は庁舎、赤泊は合併浄化槽の費用は全部行政が出すことなど。

両津は三つの条件が通らなければ離脱するぞと、議会で議論を重ね持って行った。そうしたら、両津が離脱すると困るから地理的中心ということで、庁舎は金井町になった。

一方、佐和田町は、庁舎は佐和田だ。金井という声は一部事務組合で話した時も出ていない、合併するなら佐和田だと、みんながそう思っていたのではないかと齊藤佐和田町長は言うが、とんでもない。金井という流れは私の発言からだ。私は佐和田に庁舎が行くなら、合併協議から離脱するつもりであった。

これが、なあなあの出来レースで進むわけで、そこで協議会の石塚会長の退任を迫った。議長が10人集まって相談を行った。会長が出席者の意見を聞いて取りまとめるのではなく、事前に事務局の書いたシナリオ通りにしか収れんさせられないことが理由だった。

そして小田初太郎畑野町長が会長になった。髙野真野町長が会長になるのかと思ったが、違った。

条例では住民投票は「120日以内に」とうたっていたが、途中で「必要と認めたときに議会の同意を得て実施」などに変更になった。

当時は物理的に120日では実施不可能で、議会と一緒に改正案を考えるというのが建前であったが、その間に投票条例に賛成した議員がどんどん、合併賛成派の議員に崩されていったことが一つ。もう一つは住民投票なんかやらなくていい、ここまできたらもう合併してしまえということで、もう打つ手は無くなった、との考えが一つ。その二つの旗振りをしている議員がいた。

私は議会人だから、議会が決めたことは住民代表が決めたことであり、何が何でも遂行しなければならないと考えている。それを覆すのは住民代表とは言えない。だから議員はばかにされる。

条例があるにもかかわらず住民投票をしないことから、私は議長と議員を辞めた。二元代表制という地方自治の中で議員が約束をほごにしたら、二元などはいらない。誰かが責任を取らなければならない。

そのうちに協議会では庁舎を地理的中心の金井町大和ではなく金井町千種沖でどうで

しょうかという提案をされ、ここまで出してきたのであれば、これは反対するわけにはいかない。私は議長だから合併の協議のために行っている。したがって帰ってから議会に、その報告をしなければならない。

庁舎は佐和田ではない。地理的中心から少し離れるが千種沖でということで合意したと。

福祉会館はどうなったかというから、両津地内にということを取り付けた。北埠頭の開発も取り付けた。両津から持って行ったものは全部通ったということだから、そうなると合併は嫌だとは言えない。

一つでもだめというのがあればよいのだが、全部通ってしまった。

議会は住民の代表であるということ。これをわきまえているか、わきまえていないかである。人の心などは、ちゃんとしたものはない。数の多い方に向く。これが自然の流れ。意志が固い人が多ければ、世の中ルール通りに動く。ルールが少しずつ曲がっていくということは、そのような人が少ないということ。だから妥協を重ねていくわけである。最初の住民投票条例を作った時の約束は、住民の意思を汲んでそれに合わせて行動をしよう。つまり、合併の賛否を問う住民投票の結果に従おうというものであったが、その約束を破る人がいるわけで、打算、欲に強い人、それから甘い誘惑に乗る人、卑しい人、人間性というものがそこにある。

振り返って、この合併は失敗したと思う。

それには理由がある。５万人以上は市になれる。ただし条件があり、連たん率60％以上でなければ認めませんよと。なぜならば人口５万人以上でも連たん率が60％以上なければ、固定資産税が多くならないから。

この連たん率について髙野市長と２回話した。猪股文彦議員を入れて１回、計３回話した。私の提案は、金井から佐和田の間の田を宅地に大造成して１区画50坪で安く売りだそうというもので、これは公が行う。

合併しようという今なら各市町村ともお金を持っている。新市で土地だけをとりあえず買っておいて、そこに街をつくろうと。

髙野市長は、それは無理だという。地域は今まで通り均衡ある発展を目指したいという。

私は均衡ある発展はないと考えている。合併したらそれをしなければ合併の意味はないと言ったが、とうとう理解は得られなかった。

中央だけが良くなり周りは衰退するから、合併には反対という人もいた。

しかし、中央が本当に良くなっているかといえば、両方ともだめになっている。だから、金井から佐和田の国道沿いの田を宅地開発し、連たん率を60％以上にして都市をつくろうと言っているのに動かない。結果的に中央も周辺も衰退してしまった。

また、Ｕターン、Ｉターンを促すために業者と協議した。両津の住吉温泉の裏に15区画の宅地をつくる。１区画１００坪、そこに平屋の家を建ててその敷地内に自分の畑があって９８０万円で販売する。業者は15区画なら乗るといっていた。行政と業者が共同でやるのである。

市に具体的にこんな提案をしたが、職員の中に抵抗勢力があり、とうとう実現できなかった。行政がやるべきことではないとの判断だった。これが一事が万事、全てだ。行政のトップやその補佐になる人は、言い訳はいくらでもできる。自分のときはうまくいったが、任期がきて後の人に責任を転嫁するのである。

議会も同じこと。私が議員でいればできたが……となる。終始一貫して敵をつくらず守りに入った。これが失敗の原因。合併するからには前の自治体のときと同じ考えではだめ。発想も変えなければならない。そうすると自然と見えてくる。

佐渡島内の合併の組み合わせは、南部の小木町・羽茂町・赤泊村の３町村が一つになって、両津は新穂と一緒に、あとは国仲の町村が組んで、最初は島内三つくらいの市町でやってみる。そこから段階的に次の合併に向かうことがいいと考えていた。

ところが、南部はそれぞれ相性が悪くて、一緒になる見込みがない。国仲の広域消防は維持経費がかかることもあり、新穂も含めた国仲5町村で合併してはという話もあった。

両津は単独でも残っていなければならなかった。佐渡の玄関口という地の利を、アピールしなければならならなかった。

玄関口については両津市のとき、両津港周辺の開発をやろうということになった。まず、北埠頭にある運送業者などを南埠頭に移転し、その跡地は新潟県から佐渡市に払い下げを受け、大規模開発をするという計画があった。

あいぽーともその一環でつくられたものであったが、そこにいつの間にか海上保安署が建てられてしまった。両津市から佐渡市になる時の、県との約束を確認しないからこのようなことになってしまった。

合併余話

新潟空港まで新幹線を

私が議長として一番驚いたのは、上越新幹線期成同盟会というものがありその会議に出たとき。県内のほかの市長も議長もいて、県会議員は全員出ていた。当然関係者も出席している。中央大学の講師が講演を30分行った。その話の中で、「ここにＪＲ東日本の社長が来ているが、信濃川から違法な取水をしていたことによりペナルティーを受けている。上越新幹線はこのままいくと北陸新幹線ができてじり貧ですよ。どんどん人はいなくなる。この新幹線を新潟空港まで延長すべき。それには費用が６００億かかるが、新幹線が空港に横付けされるのは全国に例がない。新潟県はこの条件に距離的にもピッタリだ。新潟空港は滑走路を延長するにしても人に迷惑をかけず、海を埋め立てればよい。そうすれば国際空港になりますよ。これで新潟県の発展は間違いなし。工事費の６００億は、信濃川の水の代償として新幹線を動かしているＪＲに出させればよい」と話した。

花角知事が調査をしたところ４２０億円だったという。しかし現状で進めると赤字が出るが、将来的には採算が合う。積極的に国際線を入れるのも一つの方法。新幹線で新潟に行ってそこから飛行機に乗る、逆に飛行機から降りたらすぐに新幹線に乗れる。すごいことを言うと思った。同じ会に出席していた新発田市の二階堂市長と話をしたとき、それは良い案だ、進めようと意見は合った。ただ、それ以降の動きはない。

長野県千曲市

北信越議長会で更埴市に行った。長野県に千曲市という市があるが、当時、更埴市と、戸倉町、上山田町が合併することになっていた。一緒に出席していた更埴市長が新市の名前をどうするか悩んでいるのを聞いた。そのことで大騒動になっていると言った。そこで私は、良い川があるがこの川は何という川だと聞くと、更埴市長は千曲川だと言った。

私は、千曲という名前を誰もつけていなければ、その名前はどうかと言ってみた。市長は、千曲市か、それは良いと納得した様子だった。後で聞いたが合併後の新市の名称は千曲市になったという。

賢明な判断

議長会の研修で頚城地方に行った。頚城地域は新潟県が示した10カ町村での合併協議を行っていた。その中で、貧乏なところ同士が一緒になっても、財政が良くなるのかという話が出た。残念ながら結論は、良くはならないということになった。そこで、合併は避けられないというなら、それぞれが合併したいところに行けば良いことになった。これが最も賢明な判断だった。十日町市と合併したところ、長岡市と合併したところ、上越に行ったところもあったのではないか。

この判断は、さすがよく勉強し、合併とは何かということをよく理解していると、感心した。

佐渡だんらん

真野　内田喜徳（50歳代）

「平成の大合併」。別れることのできない結婚式をあげて19年。さて幸せな結婚生活を送れているだろうか？

数年前あるアンケートで〈合併して「悪くなった」65・5％〉という結果を見た。確かに商店街はさびれ、コミュニティーは薄れ、空き家は増え、黄色い帽子の子どもが年々少なくなった。それを「合併のせいだ」と結びつけるのは違う気もするが、そう感じる人が多いのはアンケートが語っている。しかし悪いことばかりでなく「佐渡」というブランド力は上がったと感じる。このブランド力に薄れたコミュニティが再生されれば、もっと魅力的なワクワクする「佐渡」になるのではないか。デメリットはそれを見直すチャンスである。

結婚後の「佐渡市」に生まれた子どもたちは合併なんて昔話。彼らが幸せな生活を送れる住み良いまちを築こう。それは人任せでなく、一人ひとりが頑張らないといけない。「佐渡市」・住み良いまち佐渡島に、子どもたちの笑い声が絶えないように。

第3章　地名の歴史とこだわり

第3章1節　歴史ある地名へのこだわり

編さん委員　末武　正義

百年の歴史を残せ

人は忘れる動物であるという。人のうわさも七十五日とか。令和3（2021）年99歳で亡くなった瀬戸内寂聴さんは「コロナ禍なんて5年もたてば、みんな忘れちゃうわよ」と笑っていたという。

そう、忘れるから人は成り立っているともいえる。いつまでも記憶していては困る。忘却が平穏を維持している面が多いことも事実だ。

しかし、故きを温ね新しきを知ることも大事。そんな気持ちで、合併における「地名騒動」を後世に残しておきたいと思う。

地名が合併検討協議会（以下「検討協」という）に提案されたのは平成14（2002）年8月12日の第12回検討協であった。しかし、提案はされたが、新市の事務所の位置をめぐる協議で冒頭から混乱し、それ以外の案件は、未協議のまま棚上げされていた。

地名問題に関しては、二つの争点があった。その一つは「合併することにより重複する大字名をどのようにするか」ということ。

二つ目は「大字名に旧市町村名を冠したい」ということであった。

地名についての協議は、佐和田町が検討協を離脱するという混乱もあり、提案されてから4カ月後の、12月になってようやく「重複する大字名について」の議論が収束しそうになった。

「合併することにより重複する大字名については、旧市町村名を冠することなく、佐渡島内における地理的位置などを考慮し、東西南北を冠して区別する。ただし、地区住民の意向を聞いたうえで決定するとした。具体的に重複する大字名は、大川・大浦・新保で地理的に東側にある両津市は東大川・西側にある真野町は西大川のように、相川町は北大浦・小木町は南大浦、金井町は北新保・赤泊村は南新保になった。

しかし、平成15（2003）年2月15日に開催された合併法定協議会では、合併推進協議会で合意した通りの提案をしたが、旧市町村名を冠したいという意見で混乱し、さらに継続協議となった。

その後、2回の協議を経て、重複する大字名については新保を除き、旧市町村名を冠することになった。東西南北を冠しても、島外の人には不親切ではないかという理由からで、東大川は両津大川、西大川は真野大川というようになった。

さらに、今までの大字名では、地理的判断などで著しく不都合が予想できる地名、例えば、相川町一丁目はそのままでは合併すると佐渡市一丁目になることから、佐渡市相川一丁目にする。このような事例については、確かに不都合が生じることが予想された。

しかし、この一部についてのみ旧市町村名を冠する案では、承服できない委員もいた。あくまでも全部の、または多くの大字名に旧市町村名の冠が必要であると主張した。

本間權市新穂村長は「百年の歴史がある新穂を、どうして消してしまうのか。新穂という地名を残してほしいという声が強い」と主張したが、当時、新穂村での村民によるアンケートでは「速やかに一体となるべき合併に、旧市町村名を引きずって何の益になるのか」「皆川から、新穂皆川になる方が歴史と地名を変えている」「沢根五十里など、沢根村の名残は今となっては煩わしいと聞いている」など反対の声があった。

しかし、これに対し「過去の歴史、地域文化を重視すべき」「合併した証として残すべき。新穂が付かないと、佐渡のどこなのか不明」「自分たちが育った、かけがえのない地名を簡単に捨てるわけにはいかない」と新穂の地名を残してほしいという意見もあった。

このアンケートの集約を見ると、地名を残すが64・１％、残さないが32・５％であったが、この数字はアンケートをする側の質問などにより変化が見られると話す人もいた。

さらに、学識経験者から、地名を残してほしいという要望は、合併後新市の市長から残してもらう方法もある、先の推進協議会の確認の通りで良いのではないかという意見があった。

また、竹内道廣両津市議長は「これは詭弁(きべん)です。きちんとしなければだめですよ。合併するんでしょ。地域エゴを残さない。きちんとやれないのは時間がないからでしょう。だったら合併期日を延ばせばよい。そうすれば何の問題もなく全島民が納得する」と、議論そのものを合併期日にまでさかのぼるという意見も出た。

ますます議論は過熱し、感情的とも思われる発言も飛び出した。

「これは詭弁ではないと思います。地方自治法２６０条（字の名称を変更する場合は、議会の議決が必要）を使う方法もある」「これは行政のための合併なんですか。それとも、住民のための合併なんですか、どっちなんですか」

「そういうことの協議ではありません」と小田初太郎法定協議会長も声が大きくなる。協議は収拾のつかない様相になってきていた。

「優柔不断のようですが、一つ条件を付けて調整案に賛成することでどうですか」と折衷案も飛び出した。

「うまくないと私は思いますが、皆さんどうですか」と小田会長は他の委員に賛同を求める。

学識経験者は「そのような文言を付け加えた中で結論を出すなら、百歩譲って私は認めてもよいと思います」という声もあった。

しかし「旧市町村名を付けるのは、自由にする。村民と相談して、私は村民の意に従うつもりです」と新穂村長は譲らない。

協議会委員の一部には、私語を始める者も出てきた。

小田会長は、これ以上議論してもらちが明かないと判断し、「この提案を認めていただきたい。いろいろのことが出てきた場合は新市長の判断で…」との発言で大方の委員は拍手で賛同した。しかし、火種は残ったままであった。

後世に残せ地名

協議事項とされていた、合併協定項目の全てが終了した。その後この合併協定の調印を行うことになり、その調印式が平成15（２００３）年6月28日に行われた。

これにより、協定についての事務処理は、全て終了したかに思われた。しかし、その矢先に「佐渡に市町村名を残す会」「羽茂の地名の存続を求める会」の２つの団体から、旧市町村名を残してほしいという要望書が出された。

平成15年９月９日に法定協が開かれ「新市において速やかに、旧市町村ごとに設置される地域審議会において検討し、住民の意向に沿って町名・大字名の決定を行う」との申し送りを確認するための協議であった。

しかし委員の中から「この問題を先送りすることなく、合併前に再協議とする方法はないのか」と事務局に詰め寄る人もいた。

小田会長は「すでに合併協定の調印式も終え、さらに県知事に対し廃置分合の申請もしている。にもかかわらず、再協議をするようにと言われても、会長としてそんなことはできない。私はやらない。そうじゃないですか。あーでもない、こーでもないと、元に戻っているじゃないですか。そんなことはあってはならない。もっと冷静になって考えてください」と珍しく、語気を強めて言った。

　これに対し加藤幹夫金井町長は「冷静になっているから、もう一度見直そうと言っているのだと思う。住民のいろいろな考えも、これは無視すべきではない」

　今度は、住民の考えを前面に出してきた。

　市町村長も議員も住民から選ばれ、間接的に協議会において発言していた。しかし今度は、合併後において地域審議会という、より地域と住民に密着した組織に委ねようということである。

　委員の中から「合併の理念はどこに行った」『地域審議会に提案すれば、冠を付けるのは当たり前」などと言った陰口が聞こえていた。

　早川一夫羽茂町長は「再協議をしないならそれでよい。申し送りをすることに賛成」。地域審議会を念頭に置いた発言であった。

　さらに内海巖新穂村助役は「村長は現在入院中です。新穂は260条でやっていく。3月1日までにはスッキリさせる。村長はそのように考えています」

　少し理解に苦しむ発言であったが、これに対して小田会長は、「260条の議論はここですべきでない」と内海助役に言いながら、次に加藤町長に向かって「金井さんまだ何か不安がありますか」と水を向けた。

加藤町長は「新穂や相川が260条うんぬんとなれば、金井も議会と相談します。申し送りの文言は賛成します。しかし、私は金井の町民代表として、今決まらないから合併後に送る。このような形では、どうも責任を果たせないような気がして非常に口惜しい。そのことだけを申し上げておきたい」

加藤町長の発言が終わるのを待ち構え、早川町長が「採決をお願いします」と最終判断を促す。

ところが彈正傚一相川町長から「私も一言。260条の話をしましたが、使う意思があるからこのような発言をしたと捉えられても結構です」

合併前に、相川町独自で地名の変更をしますという、宣戦布告ともとれる発言が飛び出した。

これを受けて小田会長は、彈正町長の発言を無視して「それではこの地名の件については、新市に申し送ることにします」と、大きな声で締めくくった。

地名については、新市に申し送りをするという協定なのに、合併前に独自で変更するという今までの協議は何であったのであろうか。

地名問題については、一つ目の「重複する大字名について」は、合理的ともいえる協議内容とみる委員は多かったが、二つ目の問題の「一部、あるいは全部の大字名に旧市町村名を冠する」という意見には、疑問を呈する委員が多かった。

騒動となった地名、相川町（町部のみ）と新穂村は、地方自治法260条により、新市になる前に旧町村名を冠した。

羽茂町は協定書の通り新市発足後、全域に旧町名を冠し、両津市は夷・湊地区に旧市名を冠した。

こうして地名についての協議は終わったかにみえたが、この2つの問題の他に、相川町達者・姫津間に、地名についてのいさかいがあった。

これは一島一市の合併以前からの問題であり、今回の合併とは直接関係がない。しかし、この合併において地名問題ということがテーマになったことを機に、達者・姫津の地名についても後世に残す必要があるのではと、第3章の最後（148ページ）にまとめた。

第3章2節　ムラ社会の議員豹変す

元佐渡市議会議員　川上　龍一

佐渡市合併に関わる裏話の原稿依頼を受けたが、新穂村議会では混乱は少なかったように思うので、合併に対して、私の議員としての顚末を書き添えてみる。

地名研究家の谷川健一氏は「地名は、大地に刻まれた人間の索引である」という。市町村合併は、百年の大計という大変革である。農地の整備も行政と農家がひとつの共通目的で事業が遂行される。

圃場整備は、百年に一度の変革である。しかし、数年後は共同体が崩壊していく。合併とは、地方から税を都市に還元することであり、「平成の大合併」と国は大号令をかけ、新潟県はその優等生と評価される。

話は、横道にそれながら地名に入る。

大型区画の新穂村西部地区では「平田・蔵王遺跡」が注目されているが、島集落前の国府川周辺に高立、榎町、国津田という地名があって国津遺跡がある。そして、北方から新保に向かって桝川があった。

現在はその位置の上に、農道滑走路にしようと話題にも上がったことがある道路を「朱鷺の道」に、他は「長畝○○番地」と表示。これらの地名は、歴史の痕跡であるが、地元の人や土地改良区の職員でも知る人はいない。新穂と新保という地名は、かつて郷土史家の論争の地名であった。

私は、新穂の地名を付することに賛成した者である。新穂村議会ではアンケートで地名を残すことに多数であった事によるのか議論は少なかった。議員間では当初、意見が拮抗していたが、採決の結果は地名を残すことの賛成多数であった。

本会議の議員質問で、執行者側は戸籍などの修正の煩雑を述べたように記憶する。この答弁に対し、私は、何が故に合併を推進するのか、その目的を達成するには相当のエネルギーは必要であり、あまりの政治的意識の欠如にあぜんとした思いであった。

村とは「群れる（共同体）」を語源とする意である。私は、集落の要請でなった村議会議員である。「議員は住民の要望に対し、その事柄を自分で消化をし議員として態度を明らかにすべし」と考えている。

私はある事業を、集落の要望を受け推進を行ったが、その事業の完成後に起こり得る将来の問題に、村はどのように考えるかという議会での質問に、集落から「川上はこの事業に反対している」とのささやきが耳に入った。

議員2期目頃は、佐渡市合併というテーマが中心であった。ある日、助役から「道路と農地の整備がほとんど終わり、新穂は今後、財政的に楽になる」と私に話す。

私は当時、佐渡10市町村の財政力指数の、10年余りの数値を調べており、常に中位にあった。国は遅々として進まない合併政策で、小規模自治体切り捨てのムチを打つ。「佐渡市合併」のうねりの中、合併協議が具体化するにつれ、我が村が消える危機感と合併優遇の誘惑の中で、佐渡10市町村のモラルには黄色信号がともる。

「新市建設計画」で、他市町村の新規の建設事業が目立つ。首長らの形を残そうとする駆け込み建設である。

総務課長に「目に見える物を残す地域エゴが多く、何のための合併か」と反論するが、意見は届かず割り切れない思いだけが残った。

その頃、平成の大合併で先頭を走っていた兵庫県篠山市を見習えとのフレーズが飛ぶ。実は昭和の合併の「失敗組」で、その後も幾度か合併を試みたが、成就できなかった。政府は平成の大合併で支援をし、合併の成功例として大々的に宣伝。篠山市には、全国から視察が相次ぎ、「篠山詣」の言葉さえ生まれた。

しかし、平成大合併の先頭ランナーが財政難に陥る。政府にとっては、あってはならないことである。「議員が自分の町に引っ張り合った結果、事業を増やしてしまった」との反省の弁が聞こえる。

私は、合併に関する書物からも、また島外へも頻繁に出かけ、合併に対する情報を求めた。「議員」という自負があり、議員報酬もほとんどそれらに費やした。

合併に関する説明依頼があれば、他の集落や組織、団体へ積極的に出かけた。合併に対する私の答えは「反対」であった。「あった」と記すには、私の議員の顚末を述べなければならない。

村では、新穂に地名を冠することの住民アンケートを実施し、64・1%が残す事に賛成であった。このアンケートから、村民はほぼ合併に賛成する方向と、判断しても良いだろう。

私は、議会で反対議員を代表し、反対討論を行った。ある日、集落の数人から「あんたは集落推薦の議員でありながら、なぜ反対するのか」と詰問されたが、「合併は、佐渡百年の命運を決める大変革で、新穂地区や集落だけの問題ではない」と応えた。

しかし、合併賛成の集落民のいら立ちは続く。最終の合併判断は、隣接する他地区との境界をなくす「廃置分合」に賛成するか否かで決定する。その議案に私は賛成の意を示し、合併賛成の態度をとったのである。

後日「川上は豹変したぞ」との声が、庁舎内に広がったと聞く。採決の時の悔しい思いは、今でも忘れることができない。集落推薦という代議制民主主義の落第議員である。

しかし、議員は民意を引き上げる責務がある。票にならなくてもやる。目前の利益を優先すべきでないと考える。政治家と民意の緊張関係が、佐渡の民度を向上させると考える者である。

佐渡奉行が「佐渡人は打算的」と日記に書いている。多くの奉行は佐渡の人々に対して、すこぶる低い評価である。太鼓集団「鼓童」の佐渡に在住するある女性の講演を聞く。「佐渡の人は起業意識が非常に低い」という。ある農業改良指導員から、「佐渡の人は石橋をたたいても渡らない」と聞かされる。

長い時代を経ての島民性へと育った。現状を変える力の弱い島民性を打破するには、佐渡に誇りを持つ若い人を育てること。島外の人たちを積極的に受け入れ、根底に流れている精神性を改革し、佐渡再生を提示してもらいたい。

政治的行動から距離をおく今の私の願いである。

第3章3節　羽茂の地名存続活動について

元ＪＡ羽茂組合長　中原　雅司

佐渡一市の合併推進に際して、旧羽茂町で特に課題は聞かなかったのですが、平成15（２００３）年に羽茂の地名が本郷以外全てなくなる方針が当時の早川一夫町長から示されても、議会の多数は撤回の様子がなく、羽茂の住民にとって大きな問題となりました。

平成14（２００２）年10月に羽茂農協の合併案が否決されて、農協の役員は辞任となり、農協運営の混迷を避ける意図を受けて12月から農協組合長に就任したのですが、決算や不良債権などの把握に時間を要していた新米組合長にとって、羽茂の地名問題はどの様に考えてみても大問題でした。組合員や地域その他の有識者に確認しても、地域や農協の運営に大変な出来事としか思えませんでした。当面、何をおいても最優先事項と考えたものです。

私が問題と捉えていたのは次の3点です。

１　条里制以来の水田を持つ羽茂の地名で代々愛されてきた羽茂という地名をなくしてよいのか

２　ＪＡＳ法（日本農林規格）遵守の必要性

農産物の「羽茂産」表示に表示違反との問題が生じ、中央会や県にも問い合わせ、農水省の技官からは大字に羽茂とすれば良いとの回答だった。

３　農業振興と地域農協の発展

特に羽茂農協は明治30（１８９７）年羽茂村農会として発足し、国の組合法公布の３年前に組織化した先見性と伝統があげられます。

地名存続を求める会の活動は60回を数えますが、主な回を次に列記してみます。

平成15年５月、有志による地名存続運動推進の話し合い。６月、早川町長に要望・有志32人（渡辺博元町長・中川淳元助役他）の署名請願書提出。

関東羽茂会「地名存続要望」を全員で町長に送付。羽茂町議会は請願不採択。７月署名活動開始を新潟日報が報道。８月町民大会、町議会・町長に３０８８人の署名簿と請願書提出。市合併協議会では新市に申し送りすることを決議、羽茂町議会では地名存続について賛成採決。平成16（２００４）年２月髙野宏一郎真野町長が「当選すれば羽茂の地名存続を市議会に提案することを約束」。３月佐渡市発足。12月市議会全会一致で可決。平成17（2005）年1月新潟県報6号（4月4日羽茂の地名要望通り決定）。4月4日羽茂大字全てに本日より「羽茂」を冠することとなり、祝賀会を開催し同日、「会」を解散しました。

地名存続が決定した4月4日を記念して運動の記念誌を作成し、羽茂農協の正面に「羽茂の日」の記念碑を建て、羽茂に関する学習会を現在も行っています。

碑の裏面に有識者代表による次の説明が刻まれています。

羽茂は七二一（養老五）年佐渡に三郡を置いたときから「続日本紀」に登場する佐渡で最も古い地名である　市町村合併の際その地名をなくす町・議会に抗して町民は存続を求める会を結成　請願書　要望書　町民大会　署名活動など二年間にわたり運動を続けた二〇〇五年県知事は旧羽茂町全てに羽茂を冠すると告示　同年四月四日から施行されたよってこの日を「羽茂の日」と定めた

羽茂の地名の存続を求める会　撰文　菊地一郎

撰文は、羽茂が羽茂である事を示す永遠の真実、理念でもあります。

活動は、島内各地の方々の集会参加や自作短歌の披露、新潟から新聞投稿など多くの方々のご支援のたまものと感謝致しております。

第3章4節　達者大林地区の地名変更のてん末

編さん委員　齋藤　英夫

佐渡市合併に伴う地名の変更は、合併後もいくつか興味深い出来事があった。当事者にとっては、集落の利害も絡み、夜も眠れぬ日々を過ごしていたのだろう。今となれば、普通に書いている住所名も大きな意味を持っている。その一つ、達者大林地区の姫津編入を巡る人々の思いだ。

達者集落は、佐渡金銀山のある旧相川町の中心部から、大佐渡の海岸線を北に沿って６㎞の所にある半農半漁の集落である。

平成20（２００８）年11月11日、姫津集落から佐渡市相川支所に「達者大林地区の姫津への地名変更の要望」が出てきた。要望の内容は、地形的にも姫津集落であるのに大字名が達者であるがため、救急車両の到着遅延や郵便物の誤配などがあり、日常生活の不便や大きく言えば命にもかかわる問題を内包しているとの理由からであった。

合併前にも当時の町長に、数回の要望を出したがまとまらなかった。佐渡市になったことと、今回漁業協同組合の定款改正も絡み、改めて課題を提起した。

合併前は、相川町大字達者字大林と称し、約6町歩の範囲に世帯数62、人口186人（平成20年6月1日当時）が住んでいる。普段のお付き合いは達者集落とでなく姫津集落が多く、自治会も姫津集落に加入している。

昭和46（1971）年11月発行の『佐渡相川の歴史』によると、「そもそも、達者集落と姫津集落は親子の関係にあり、姫津の言い伝えによると、慶長年間、佐渡奉行大久保長安が現在の島根県石見から漁師を呼び寄せて達者村の地内である姫津に住まわせたことから始まる」という。さらに引用を続けると、

「初めのうちは世帯数も少なく、姫津村の元禄検地帳をみると、村の土地は畑・屋敷合わせて2町1反歩だけで水田も秣場（まぐさば）も薪山もない。耕地等の土地の面積が少ないのは、本来百姓村ではないためである。村の中核になった人々は、慶長年間に達者地内に入ってきたのであるから達者村が親村である」。初めのうちは人数も少なく、薪木切りに親村の薪山へ入ることにはさほど問題は起きなかった。しかし、年数を経るうちに次第に屋敷が増え、屋敷内にいる小前や宿借を合わせると相当の人数に膨れ上がってきた。

山元である達者村では薪木の伐採が気になりだした。元文2（1736）年達者村の

百姓が地方役所へ「姫津村は、もともと他国から当地へ来て、達者地内を借りて居住し、漁師と船の出入りによって家業を営む村である。だから野山の所有はなく、山役銀も上納していない。にもかかわらず、姫津村は漁にでられないときは、いつでも大勢して達者の山へ入って薪木を刈り取っている。われわれは百姓であるから忙しくて山へ行っていられない。これから先、姫津村の者が達者村の薪山へ入らないようにしてほしい」と、願書を出すほどになった。

「両村の薪山争いはこのとき表面化して以後、明治24（１８９１）年の大陪審院の判決がおりるまで約１５０年の係争が続くことになる」。ほかにも、入会地として認めるよう申し出があり、それらの争いは、親村である達者村で姫津村の入会権を認めるということで落ち着くことになった。達者村にとっては開村以来、先人たちにより開墾、整備された土地であり、愛着は一層のものであったことが推測される。

地名変更の法的手続きについては、地方自治法２６０条で「市町村長は、政令で特別の定めをする場合を除くほか、市町村の区域内の町若しくは字の区域を新たに画し若しくはこれを廃止し、又は町若しくは字の区域若しくはその名称を変更しようとするときは、当該市町村の議会の議決を経て定めなければならない」と決められており、その手法についてては市町村長に委ねられている。したがって、集落の要望がその通り認められるためにはその地区の総意があれば「良し」ということだが、歴史的な経緯を踏まえればそうもいかないし、何より過去のことがしこりとなって集落間の対立を招いてはならない。

改めて姫津集落の要望を確認すると

① 集落の一体性の確保

② 住所地と現在地との不一致による弊害の解消

ア 郵便の遅配及び救急事案への対処

イ 停留所（姫津、姫津南）と住所地の不一致

ウ 公的機関の名称と住所地の不一致（姫津郵便局は佐渡市達者1439番地5）

そこで、市は平成20年12月姫津集落に対し、達者大林地区に居住する住民の同意と合わせ、達者集落の合意を得たうえで地名変更の要望を提出するよう説明した。

姫津集落では、同年中に達者集落の役員会に出向き、地名変更の趣旨と区域を説明、集落の要望を伝えた。翌年1月、達者集落は地名変更を認めると達者の漁業権が侵害されるのではとの懸念があり、市では県とも協議し、地名変更と漁業権は無関係との結果を伝えるが、達者総会で否決された。

同月中に姫津集落では近藤和義市議会議員に事態の収拾を求め、22日には姫津集落役

員13人と来庁し、「もともと、法的根拠のない達者との合意を求めたこと」を批判、字名が紛らわしく救急車の到着が遅れたことから、早期の地名変更を求めた。

しかし、市としては法的にはそうであっても、あくまでも両地区の合意が議会上程の前提条件である旨、理解を求めた。

その後佐渡市では、達者集落の聞き取りをしたが「急がずに時間をかけて話し合いたい。強引な地名変更は困る。救急車が遅れるなどということは気を付ければいいことだ」との達者役員の意向は変わらなかった（実際、消防署の見解ではそのような事案はないという）。

両集落では検討協議を重ね、地名変更の区域について、いくつかの案を提示し、両者の一致点を見いだそうと努力を重ねていた。特に、姫津集落では以前から地名変更委員会を設け、細部にわたり、意見集約を図っていた。

両者の思惑は、協議についての第三者からの調停、特に市から積極的に介入することについても意見の隔たりがあったが、市はあくまでも両集落の自主的な合意を求め、積極的に介入する意思はなかった。

姫津集落では昭和40年代以降、姫津集落から隣接の達者大林地区に住居を新築する世帯が多くあった。その一因は、昭和40（１９６５）年に発生した姫津大火で、海岸段丘地に密集していた集落の3分の1を焼失したことによる。また、漁港の整備や漁村の生活環境が向上し、達者大林地区の畑地が宅地転用され、新世帯が多くなった。達者大林地区62世帯のうち大半が姫津からの移動である。

攻めの姫津、守りの達者という構図であるが、ここはやはり苦労して開墾開拓した達者の先人たちに敬意を表することが必要であろう。

達者集落では、この地名変更に関する総会を3回、委員会を25回開催していた。

達者住民の本音は「達者集落が苦労して開墾した土地は渡せない。市の折衷案など問題外」だが「これまで共通する課題については、集落発展のためお互い我慢してきた。意味のない反対だけではしこりを残すことになる。互いの立場を尊重して対応しよう」との思いは共有していた。

平成21（２００９）年7月18日第3回目の、達者集落の達者大林地区の地名変更に係る、臨時総会は区民70人あまりの参加を得て開かれた。

佐渡市からは総務部長はじめ9人が出席し、経過説明、調整案の説明の後質疑応答があった。この席で佐渡市は「姫津集落に接した必要最小限の区域を設定する」という調整案を示した。

住民からは「断固として、字の変更には反対する。市の調整案は姫津寄りの案だ。無関係の市議会議員が加わって、姫津を応援していたことは納得できない。集落間の話し合いで解決を目指すべきだ」という強硬な発言があり、参加者はこの意見に同調した。

佐渡市の担当者は「集落同士の話し合いで解決することは理想だが、話し合いを進展させる必要がある。調整案については、お互いの歩み寄りのために姫津側も譲歩している」と説明。

住民から平行線の話し合いが続いた場合、佐渡市はどうするのかとの質問に対し「合意に向けた一定の努力は行いたい。ただ、その後の対応については持ち帰って検討する」との返答だった。

住民はなおも「達者の合意がないと議会提案はしないと解釈していたが、合意がなくても議会提案するということか」と責めるが、佐渡市は「現時点では答えられない」とし、「両集落で合意がなければ変更は行わない」という発言はなかった。

この質疑の後、佐渡市側は午後9時で退席したが地元の住民は午後10時近くまで協議を重ねた。

後日、佐渡市相川支所に「午後10時まで協議したが採決には至らなかった」と報告があった。

ここで達者集落の主張をまとめると

①達者集落の先人が開拓した土地の地名変更は認められない。そのことを承知で、姫津の人は住んでいるのではないか
②消防（救急）、郵便が間違える事例は達者大林に限らない。関係機関が注意すればよい話だ
③今、どうして地名変更の話になるのか。一部の住民だけの話か。姫津集落の総意であるのか

一方、姫津集落ではこのことを受けて、7月24日地名変更委員会を開いた。参加者は17人、佐渡市から総務部長ほか6人であった。

①地権者が購入した土地について、地権者全員で市に地名変更を要望している。達者に反対する権利はあるのか
②生死に関わる事例が過去にあった。郵便だけでなく配達物の間違いも多い。市は事態の重要性を理解しているのか
③姫津は春の総会で決議している。一部の住民だけの認識ではない
④姫津は今回市の調整案を受諾した。いつまで放置しておくのか
⑤姫津は過去にも集落間の事業運営には協力してきた。達者はどう受け止めているのか

⑥これ以上、地名変更の範囲を縮小することは無理。どこまで達者の意をくみ取る必要があるのか

その後、平成21（2009）年8月20日佐渡市本庁大会議室において、両集落の役員6人、佐渡市は相川支所職員を含め6人出席して、最終的な協議を行う。

達者集落は「市の示した調整案、必要最小限の区域の設定となっても合意形成となるのか保障できない。合意できなければ議会提案することは認めない。佐渡市は現行の調整案にこだわり過ぎる。達者の考えを調整案に反映させてほしい」となかなか手厳しい。

佐渡市は「調整案をどう変更したいのか、案があるのか」と質問するが「調整案を変更しろ」との一点張りで、どうしても理解が得られなかった。

同年9月佐渡市議会では、近藤議員の一般質問があった（要旨のみ掲載）。

近藤議員「さて、姫津の地名問題ですが、基本だけを申し上げます。自治法260条というのがありまして、これは境界変更などに関する事務処理要綱であります。県の総務管理部市町村課から出ている説明ですが、字の区域及び名称を変更する場合、その区域の居住者、または土地所有者の承諾を得なければならないでしょう

か」

総務部長　「承諾を得る必要はありません。字の区域や名称を変更する場合、自治法上居住者、または土地所有者の承諾を必要とする明文の規定はありません。また、字は行政区域であり、所定の法的手続きにより、設置、変更、または廃止されることになっていますので、これらのものについて字の区域及び名称を変更されないという権利が一般的に保障されているとは考えられません。

したがって、事実上の問題として、事前に居住者や土地所有者の意向を打診し、区域や名称の変更決定に反映させるため、協議することはともかく、法的にはこれらのものの承諾を得なければならないものではありません」

近藤議員　「隣集落の承諾がどうしても必要ですか」

総務部長　「この問題については両集落の生い立ち、成り立ちがあるわけでありまして、両集落の合意を前提にこの話を進めていきたいというふうに考えているところですが、なかなか今、合意に至らないということで苦慮しているところでございます」

こうした中、同年11月16日付けで、達者集落総代本田喜一さんから高野市長あてに1通の文書が届いた。

その内容は、「開村以来５５０年余といわれる達者集落において、この問題がどのように結論づけられるのか、集落民の地名を思う気持ちと法律に定められていることとの差を痛切に感じながら、この一年集落民一同悩み、心を痛めてきたところです。

延べ７回の総会で審議した結果、今後とも両集落が友好的な関係を続けて行くには、再びこのような問題が発生しないことを条件に、市が法律に基づき手続きを行うこともやむを得ないとの結論となりました」とあり、この時点で両者の一致点を見いだすことができた。

文書にある書面での合意は11月25日。達者集落総代本田喜一さんと姫津集落総代松見輝夫さんが立会人である佐渡市長高野宏一郎の面前で交わすことになった。

その後、12月議会で議決、県知事への届け出、県報告示、関係機関への周知、地名変更作業を残すばかりとなった。

地名変更作業は、平成22（２０１０）年4月1日の施行日前日、3月31日当日の業務終了後、行政区「達者大林」の字名を「姫津」へ、住民票及び戸籍欄を変更する作業が、深夜まで行われ翌日4月1日から施行された。

合併で相川と言う地名を残せたことについて

相川　大瀬　順子（50歳代）

旧相川町民としては、良かったと思っている。SNSで景勝地や観光地などを紹介する時に佐渡市と書いても具体的に伝わりにくい。例えば、佐渡金山をアップすると「佐渡の相川ですね」と書き込まれることが多く反応も良いことが挙げられる。

地名変更（当時の思い出）

新穂　本間　仁一郎（70歳代）

平成15（2003）年10月1日から大字に「新穂」を付けることになったので、当日の午前0時までに戸籍簿を修正しなければいけなく、勤務時間内には無理で、夜、若手職員に頑張ってもらった。旧新穂村では、合併日時の前日と二度やったのだから大変だった。

「新穂」の冠称を付けるのは反対であった。必要なかったと思っている。業務の担当課として、二度もやらなくてはいけなく、仕事が大変になるから反対というのではなかった。以下の理由からだ。

・「大字を残す」ということは、新穂では江戸時代に構成された「村」が大字名（集落）となったのであるから、例えば、「青木村」であって「新穂青木村」ではなかった。歴史的に考えれば、「新穂」という冠称を付けた以上は、それが今後、歴史となるのだろうが。

・また、合併という効果は、本来、旧市町村名をなくすということから始まる。旧市町村名を残す（こだわりを持つ）と行政がやりにくくなる。例えば、中学校区の再編などが考えられる。地域エゴに結びついてしまった。

単なる住居表示の変更でしかなかった。

現に各集落の集会所名（集落センターなど）は、従来のままで、（冠称）新穂を付けたところは一つもない。

第4章　合併期日はいつか？

第4章1節　合併期日は

対等合併か吸収合併か

編さん委員　宇佐美　務

市町村合併を行う上で、合併期日は新市の基本計画、事務所の位置や議員定数などと同じく、基本事項として捉えられていた。そのことから合併特例法でも合併を促進する方策として、合併期日により人口要件の緩和があり、さらに新設合併か吸収合併かにも波及することになってきた。

通常「市」となるための人口要件は5万人以上であったが、合併特例法により人口要件の緩和が示された。

緩和の内容は、平成16（2004）年3月31日までに合併をした場合は3万人以上、平成17（2005）年3月31日までに合併をした場合は4万人以上であれば地方自治法の特例として、人口要件はクリアしたことになっていた。

しかし、すでに市になっている自治体と町村が合併する場合は、人口要件の必要がなかった。

極端な事例であるが、2万1000人の市と5000人の町と2000人の村とが合併すると、人口は28000人で3万人に満たないが、合併特例法の特例を待たずして市となることができた。今まで「市」であった自治体が、他の自治体と合併すると「市」としての人口要件である5万人に満たないから、「市」にはなれないというのは理不尽なことからであろう。

合併特例法では市町村の合併はその形態により「新設合併（対等合併）」と「編入合併（吸収合併）」の2つに分けることができる。「新設合併」は、A町とB町を廃してその区域をもって新たにC市を設置する場合である。新設合併では合併前の市町村、この場合A町とB町の法人格の消滅とともに、C市として新たな法人格の発生が伴うことになる。

一方、「編入合併」はD町を廃し、その区域をE市に編入するような場合をいう。この場合、編入する市町村（E市）の法人格には何ら影響はないが、編入される市町村（D町）の法人格は消滅することになる。

「合併期日」が公式の会議で議論されたのは、平成13（2001）年9月28日に開催された、第2回合併検討協議会（以下「検討協」という）であった。川口徳一両津市長の「合併特例法において市となるべき要件の特例は、平成17年3月31日までとされていることから、合併時期は急ぐ必要はないのでは」という発言である。

この頃の両津市は、一島一市の合併に賛成、反対の声が各方面から聞こえており、市議会においても意見が拮抗していた。このことから両津市を除く町村は、合併期日が遅れると両津市が離脱する可能性があるのではと警戒をしていた。

つまり、平成17年3月31日を過ぎての合併となると、合併特例法による人口の緩和要件はなくなり、5万人以上でなければ「市」にはなれなくなる。つまり両津市が合併に加わらないと5万人以上という人口要件は満たされず、「市」にはなれなくなる。「市」になるには両津市の参加が必要で、その結果、両津市への編入合併となり、両津市が合併の主導権を握ることになる。

町村では「市」になることが合併の目的の一つでもあり、このような最悪のシナリオは避けたいと、合併の時期については神経をとがらせていた。

しかし、当の両津市では一部の議員がそのことを考えてはいたが、大勢はそれ以前の問題として合併可否の議論が沸騰していた。

この段階で両津市は、一島一市を前提とした検討協には加入を見合わせ、会議にはオブザーバーとして出席していた。

川口市長は「住民の意向を尊重する」ということから、市内20カ所において「住民説明会」を開催したり「市町村合併アンケート」を市内全世帯に配布し、住民の意向を確認する作業をしていた（詳細は「第2章 両津市の住民投票条例」参照）。

その後両津市では、住民説明会において佐渡一島一市合併について住民の理解が得られた。また合併可否のアンケートについて、合併に賛成する世帯が多かったとの結論に基づいて、議会に対し「両津市は、佐渡一島一市の合併に参加したい」という意思表示を行った。

紆余（うよ）曲折があったものの、平成13年の暮れも押し迫った12月26日開催の、第4回検討協から正式加入となった。

検討協のルールとして、次回検討協の議題が事前に知らされていた。両津市が正式加入した2カ月後の、平成14（２００２）年2月に開催された第6回検討協では、合併方式と合併期日が議題となった。

両津市では、検討協の議題については事前に市議会全員協議会において協議し、その結論を市長・議長が検討協において意向を表明することになっていた。両津市は編入合併を望んではいたが、既にその主導権は町村に移っていた。

今まで、正規に加入していなかったことからもお分かりのように「町村対市」という構図がことあるごとに描かれていた。この合併方式についても、結論は9対1で新設合併になることは明らかであった。にもかかわらず、両津市の市議会全員協議会では「編入合併」を選択し、その結論を市長・議長に背負わせていた。無駄な抵抗だと分かっていながらも、編入合併を主張しなければならなかった。

さらに同じ日に、合併期日についても議題となることになっていたが、次回検討協に継続されることになった。

その次回協議が翌月に開催された。とりあえず、各市町村がそれぞれ希望する合併期日を提示してみることになった。

赤泊村は平成15（2003）年4月初め、あるいは平成16年3月31日、金井町は平成15年10月、相川町・佐和田町・新穂村・畑野町及び真野町は平成16年1月1日、小木町は同年3月1日、両津市と羽茂町は同年3月31日というものであった。

しかし、この検討協、その次の検討協においても結論を見いだすことはできず、さらに次回に持ち越すことになった。

合併期日について提案されてから、４回目の検討協が開催された。平成14年５月のことであった。３回の協議の中、多くの意見が出て、平成16年１月１日が６団体、同年３月31日が４団体の２つの案に集約されていた。この２つの案を何とかひとつにまとめようと、石塚英夫会長はさらに意見を求めた。

川口市長から「今までの協議の中で、平成16年３月31日で出発したにもかかわらず、時間がないと言いながらなぜ１月１日なのか理解できない」との発言があった。

これに対し事務局から「年末年始の休日の期間を、新市に移行するための準備期間に充てることができる」との説明があった。その後２案に対する主張も出尽くし、さらにその意向を撤回する気配も見えないことから、石塚会長は結論を出すための採決を提案した。

委員の中では「協議の経過から採決はやむを得ない」というより、「結論はみえている。早く採決を」という意向が多く感じられた。

採決の結果、平成16年１月１日が14人、同年３月31日が４人で、合併期日は平成16年１月１日と確認された。

このことは合併特例法により、人口が3万人以上であれば市になれる要件を満たし、仮に両津市が協議会から離脱することになっても、町村側は所期の目的は達成することができる。ただこれは、合併に関して任意の協議であり、今後合併特例法に定められた財政的支援などを求めるには、この特例法に定められた手順による検討協において、改めて協議する必要があった。

合併に向けて協議は順調に進んでいたかに見えたが、新市の事務所の位置について佐和田町が、今まで協議が行われていた佐渡一島一市の合併から離脱するという大きな出来事があった（詳細は「第1章 佐和田町の執念」を参照）。

新市の事務所の位置について最後の協議は、平成14年10月3日に行われた。候補地は金井町と佐和田町であったが、採決の結果多数が金井町を選んだ。

かねてから齊藤和夫佐和田町長は、「佐和田町に庁舎が来なければ合併協議から離脱する」と宣言していたが、金井町に決定すると「今までお話ししてきた通り、佐和田町はこの協議会から離脱させていただきます」と席を外した。

9市町村で構成する合併推進協議会（以下「推進協」という）は約3カ月間、佐和田町抜きでの協議が続けられた。

当然のことながら、今まで行われてきた一島一市の合併と、新たに佐和田町を除く合併協議とは異なる部分もあり、特に事務的に多くの作業が必要になってきた。一島一市を前提とした検討協において確認されたことであっても、9市町村の推進協は組織が異なることから、全て再度の協議が必要になってくる。

9市町村の推進協は、平成14年10月31日に第1回推進協を開催し、新しい会長・副会長を選出、規約の制定、予算、その他組織運営に必要な事項を決定し、本来の協議が始められた。

第2回の推進協が翌月に行われ、合併期日と合併方式が再び議題となった。

予想されたことではあったが、両津市からあらためて、合併期日は平成17年3月でもいいのではないかという意見が出てきた。佐和田町が一島一市の合併から抜け、9市町村で再出発しなければならないという状況の中で、事務処理も多く、再協議も必要なことから、平成16年3月にこだわらなくてもよいのではないかということであった。

両津市は、「市」が参加した合併であれば平成17年でも合併特例法の対象になり各種助成の対象になる。町村側が16年にこだわるのは、両津市が参加しない場合の合併を想定し、それを前提にして作業を準備しているのではないかと考えていたのである。

まず先に、合併方式が協議された。小田初太郎推進協新会長が「検討協では新設合併となっていますが、このことについてご意見がありますか」と問いかけたが発言をする者はいなかった。両津市は編入合併を希望していたが、ここで意見を出しても、時間の無駄になると考えていたのであろう。あるいは無駄な抵抗と強く感じたのかもしれない。

「それではこのことについて特別のご意見はありませんので、合併方式は新設合併とすることに決定しました」と会長は続けた。

その後、「合併の期日」が議題とされた。改めて希望を取ったところ、平成16年3月1日が7団体、同年3月31日が1団体、平成17年3月31日が1団体であった。先の検討協のときと若干異なる希望もあった。

小田会長は合併期日の決定については、新市における電算システムの稼働はどのようになるのかということが心配であった。合併当日から新市のあらゆるところにおいて、コンピューターが稼働しなくてはならない。7団体が希望する平成16年3月1日となると残すところ、1年4カ月。その間、9市町村の庁舎はもちろんのこと、学校、保育園、公民館その他多くの出先までの稼働が可能であろうか。

ともあれ、合併期日が平成16年3月1日と確認されたことにより、合併までのスケジュールが具体的なものになっていった。現在行われている任意の合併協議会を法定の協議会とするには加入自治体の議会議決が必要であり、その議決を平成14年の12月に、これに基づく市町村合併協議会（以下「法定協」という）を平成15年1月に設置。さらに、合併のための旧市町村の廃置分合の議決を同年6月とした。

その後の協議では、佐和田町が協議会から離脱する原因となった新市の事務所については過去の協議会で確認された通り「金井町千種沖地区」となった。

このほか、議員の定数及び任期の取り扱い（詳細については「第5章　議員定数はどうする」を参照）について協議の結果、合併後初めて行われる新市議選出の選挙は、旧市町村単位に選挙区を設ける。また、議員定数は定数特例により60人とすることになった。

平成14年12月11日、第4回の推進協が開催され、法定協の設置が提案された。法定協は地方自治法及び合併特例法に基づいて設置するもので、関係市町村の協議により規約を定め、関係市町村議会の議決が必要となっていた。さらに、協議会の設置について告示をするとともに、県知事への届け出が必要である。

この法定協は、今までの任意の協議会と比べ、その役割や位置づけについて大きな差はなく、また義務的なものではない。しかし、市町村合併の検討を行う枠組みを明確にするものであること、法定協で策定される市町村建設計画に基づく事業にのみ、合併特例法上の財政措置が受けられることを考慮すると、法定協の設置は必要であると考えられていた。

なかには、任意の協議会での検討を経ずに、はじめから法定協を設置して協議を進めていく事例もみられるが、佐渡の場合のように任意の協議会を設置し、あらかじめ合併の是非や合併の基本的事項を中心に協議を行った後、法定協に移行していくのが一般的であった。

佐渡では9市町村が足並みをそろえ、平成14年12月開催の各市町村定例議会に法定協設置の議決を得た。

年が明けて1月7日、法定協の設置を新潟県知事に届け出た。

第1回の法定協は平成15年1月27日に開催された。協議会委員は今までの市町村長・議会議長に、各市町村から1人ずつの学識経験者が加えられ、総数27人が委員となった。

法定協の会長には推進協と同じ、小田畑野町長が就任した。

翌月の2月5日に行われた第2回では、推進協において確認された基本的な事項が決定された。合併の方式―新設合併、合併の期日―平成16年3月1日、新市の名称―佐渡市、新市の事務所の位置のうち合併後新たに建設する本庁舎の位置―金井町千種沖などである。

この協議の中で、両津市から合併期日について、かねてからの要望の通り平成17年3月にすべきとの意見が出された。理由は「電算システムの一元化が間に合うのか」というものであった。

この意見に対し、「平成16年3月合併という姿勢で臨めば前に進める」との意見が大勢を占め、原案通り平成16年3月1日となった。

また、議会議員の定数及び任期の取り扱いについては、任意の協議会において定数特例を適用し60人とし、設置選挙に限り旧市町村単位に選挙区を設けることが確認されていたが、このことは次回に協議することになった。

合併期日に間に合うのか

議会議員の定数と任期についての協議は2月15日に行われた。

学識経験者から、議員定数は本来の定数30人とし、設置選挙においても選挙区を設けないという意見が多数出た。これに対し、議長側は議員の立場から「合併から2年間は合併市町村の議員として存在することができる在任特例、もしくは設置選挙により選出される議員の任期に限り、新市の議員定数の2倍までの定数を増加することができる、定数特例で60人とする」との意見が出された。

地域の維持存続を図ろうとする考え方と、7万都市形成を堅持し、議員が減少することも合併の痛みの一つとして容認せざるを得ないという考え方の溝はなかなか埋めることはできず、次回への継続協議となった。

この最中、一島一市の合併協議から離脱した佐和田町は、辞職した後任の町長を選ぶ町長選挙、さらに法定協に再加入への賛否を問う住民投票の結果に基づき、協議会への加入申出書を提出した。平成15（2003）年2月24日のことであった。

前の協議で継続審議となっていた、議会議員の定数及び任期の取り扱い及び選挙区についての協議が再開された。前回協議会から2週間にも満たないハードなスケジュールは、約1年後に合併期日が迫っていることへの焦りでもあった。

選挙区について学識経験者から「議員のことは議員が決めるなどという考え方には、同意できない」という厳しい意見もあった。これに対する意見として「中央から遠い地域の声は議員が代弁している。選挙区はやはり、旧市町村ごとに設ける必要がある」という意見などが出て、またも調整がつかなくなった。

これ以上協議しても一つにまとまらないと判断した小田会長は、調整案を提示したいと提案した。

委員の方も会長と同じ考えが多く、会長が調整案を出すことについて同意した。

「議員の定数は定数特例の60人とする。選挙区は設けない」というのが、会長からの調整案であった。

この調整案で決定しようという意見もあったが、こと議員の身分にもかかわることでもあり、議会の意見を集約する必要があることから、各市町村持ち帰り次回への継続協議となった。

その継続審議を協議するための臨時の法定協が、3月8日に開催された。

結果は、前の協議会において会長が示した調整案の通り「新市の議会議員の定数を30人と定めるとともに、合併特例法の規定による定数特例を活用し、設置選挙に限り定数を60人とする。さらに選挙区は設けない」ことになった。

また、この臨時法定協において、佐和田町から町長および町議会議長連名で提出のあった、法定協への参加申し込みについて協議を行った。佐和田町が再加入するにあたり、最大の懸案であった本庁舎の位置を含め、これまでに佐和田町が離脱中に協議をし結論の出た事項についてはすべて了解するという条件とし、一部に異論はあったものの最終的には満場一致で加入を認めた。

再び佐和田町が協議会に参加したものの、ほとんどの協議は終了していた。残された課題は、町名・字名の取り扱い、新市の組織・機構、電算システムが合併期日に稼動できるかなどであった。

とりわけ地域住民の関心が高く、住民生活に直結する町名・字名は、相川町、羽茂町、新穂村は大字名の上に旧町村名を希望し、他の市町村は必要ないとのことであった。この事項は事務量も多く、合併期日との兼ね合いから、最終的には「町名・字名の取り扱いは、合併時の混乱を最小限にとどめる意味からも、できる限り従来の町名・字名をそのまま使用するのが一般的」という事務局の意見を参考に、「10市町村が合併することにより重複する町名・字名や、従来の名称のみでは地理的判断において著しく不都合が生じると見込まれるもののみ、合併時に変更する」ことになった。

新市の組織・機構について、合併時は旧市町村に支所を置き本庁と9支所体制とした。

このように協議は順調に進み、平成15年5月18日の第9回法定協の協議をもって、合併協定項目の全てが決定された。

予定された合併期日9カ月前であった。

合併期日の平成16（２００４）年3月1日までに、法定協において残された作業は、合併協定調印式と各市町村議会における廃置分合の議決、佐渡一島一市合併についての新潟県知事申請のみであった。

合併協定調印式は新潟県知事代理として、川上忠義副知事はじめ多くの関係者が出席し、平成15年6月28日に行われた。

この頃両津市では、一島一市合併協議会に参加の可否を求める住民投票の実施、両津市議会解散への住民による直接請求など混乱の極みであった（詳細は「第2章　両津市の合併賛否と住民投票条例」参照）。

さらに、法定協では、各市町村6月定例議会において、廃置分合案の議決を6月末までに議決するという申し合わせがあった。両津市を除く9市町村では6月末までに議決していたが、両津市は定例議会でなく臨時市議会を招集し、7月1日に議決された。この議案が議決されると、両津市の合併に対する意思と同時に、佐渡一島一市の合併は確定し、残された事務は新潟県知事に対しての合併申請のみであった。

知事申請後、新潟県議会において議決、総務大臣に申請、告示により合併が決定された。

総務省が「廃置分合」の告示をしたのは平成15年11月4日であった。

合併に向けた取り組み

元佐渡市議会議員　臼杵　克身

合併の話が出て髙野真野町長から佐渡一島一市になった場合、地方交付税はどのくらいになるか調べるように指示があり、県の指針や新発田市を参考に２８０億から３００億円程度と試算し報告を行った。後日、アミューズメント佐渡で開かれた関係イベントで髙野町長は、うちの助役の試算では３００億円と話をしたので、当たらずとも遠からずを、願っていた。

平成13（２００１）年３月議会定例会で、髙野町長は佐渡の市町村合併について、庁内で勉強会や意見交換を進めていることを報告、議会も数回にわたり意見交換会を開催した。一般質問で２人が、市町村合併問題を取り上げた。

この時期真野町は、国立佐渡療養所の自治体への移譲問題と、一般廃棄物最終処分場建設の難題も抱えていた。髙野町長が真正面から取り組み克服した。

合併の問題は、住民への説明と理解が必要である。同年４月以降「広報まの」で、

「市町村合併の考え方」を4回にわたり掲載。6月8日から7月21日の間、町内26会場で「街づくり懇談会」を開催し、573人の参加があった。同時期に町民1500人を無作為に抽出、市町村合併に関するアンケートを実施した。結果は、積極的賛成26・3%、機を見て合併33・9%、合併反対14・9%であった。町民からは、さまざまな要望意見が寄せられた。一例を挙げると、「合併により住民サービスが低下し、地域の経済も悪くなり疲弊する。農協、漁協合併がその例である」「人口減少が続く佐渡は、このままでは沈没する。合併する以外生き残る方法はない」

議会においても特別委員会が設置され、さまざまな観点から多岐にわたる意見が出された。一例は、「郡部だけの合併を模索したら」「合併期日を伸ばしては」。この問題について、髙野町長は平成16（2004）年3月1日の合併は、両津市への吸収合併を回避し、郡部だけでも市の要件を満たす特例法を生かすためであると理解を求めた。その他住民負担に不公平を与えないように。合併後も大字名に「真野」を残すようにとの意見もあった。

町長は、議会本会議と議会全員協議会及び懇談会を通じ、本間金一郎議長と緊密に情報を交換し、合併機運への醸成をはかった。町長と議長のお互いの信頼関係が功を奏した。議会での評決の結果、廃置分合に関する議案は、平成15（2003）年6月議会で、賛成14、反対１で原案が可決された。

合併議論の渦中に、日本を揺るがす事件が起きた。平成14（２００２）年10月17日、北朝鮮に拉致された曽我ひとみさんがふるさと真野町に24年ぶりに帰還したのである。当日は、大勢の町民とマスコミ関係者で役場前は騒然とした。この後、真野町が経験したことがない混乱状況が２年近く続いた。

町長は、国やマスコミとの軋轢（あつれき）にも悩みながらも寝食を忘れて取り組まれた。そうした混乱した中ではあったが、合併を主導してきた。平成15（２００３）年秋頃から、佐渡市の新市長に意欲がある方々が噂されたが、髙野宏一郎さんもその意欲があるのではないか、至極当然であると思えるようになった。年が明け正月過ぎた頃からその思いはさらに強くなり、出馬への期待も膨らんだ。その頃、私自身も佐渡市議会議員選挙準備のため、２月15日の「真野町閉庁記念式典」終了後、辞職を願い出た。髙野町長にとっては、まさに激動変革するときに町政を担い、佐渡市誕生に貢献されたことは感慨無量ではなかったかと拝察する。

第5章　議員定数

第5章1節　どうする 議員定数

石塚会長の苦悩

編さん委員　中川　義彦　佐藤　一郎

それぞれの地域は長い年月の間に、その地域独特の文化や習俗、言葉遣いなどが生まれている。

佐渡の場合、地理的なことから大きく分けて、4つの生活様式があるとされていた。金銀の採掘を中心に発達した相川地区の武家文化、上方と蝦夷(えぞ)地（北海道）との交易船の寄港地として栄えた小木地区の京文化、金銀山で働く人の食料を供給した国仲地区、漁業を中心とした両津地区である。

全国的にも多い数となる、10の市町村（1市7町2村）が合併し、佐渡市が誕生した。この合併は各市町村の文化も異なり、また地理的にも財政的にも大きく異なることから、誰の目から見ても最初からかなりの困難が想定されていた。

合併の基本事項の１つとなっている議員定数についても、大きな課題となることが予想された。

地方自治法では、直近の国政調査に基づく人口区分に応じて、議員定数の上限が定められていた。佐渡市は、合併直近における10市町村の人口合計は７万２０００人であり、人口５万人以上10万人未満の定数上限は30人と定められていた。

合併前の10市町村の議員定数は１５８人で、仮に新市になって議員定数を法定数の30人とすると、議員数は合併前の５分の１となる。これは５人のうち４人が議員の身分を失うことになるから、議員としてはまさに死活問題であり、簡単な妥協は許されなかった。

しかし、国もこの合併を促す必要があることから、合併特例法では激減緩和措置が定められていた。

この激減緩和措置を適用しない場合、地方自治法による定数は上限30人で任期は４年である。これに対し、合併特例法では定数特例と在任特例という、２つの特例が示されていた。

まず、「定数特例」であるが、合併後最初の議員の任期（４年）に限り、法定数の２倍までを上限として議員の定数とすることができた。これを新市の場合に当てはめると、法定数は上限30人であるからその2倍、つまり最初の任期に限り定数を上限60人とすることができた。

この場合、法定数の2倍の議員数となるから、住民の意見が反映されやすいが、4年後の改選時には特例の適用がなくなり、議会議員のいない町村が出る可能性がある。

さらに、合併時に議員報酬を統一する必要があり、通常は現行より下げるのでなく高い方の市町村に合わせるため、議員報酬の引き上げを行うと財政負担の額が大きくなることが懸念された。また、議員数が多くなることから本会議、委員会及び各種会議の施設の確保が難しくなってくる。

次の特例として「在任特例」がある。

この特例を適用した場合は、合併時の議員は合併後2年を超えない範囲で、新市の議員になれるというものである。これを今回の合併に当てはめると、旧市町村議員全員が新市の議員になれる。ただし、任期は2年以内となっている。

この場合、合併前の議員数と同じであるから、より住民の意見が反映されやすいが、2年後の次期改選時には定数特例と同じく、議員がいなくなる町村がでる可能性もある。さらに、議員報酬についても統一する必要があり、今まで支給されていた額より引き下げることは難しいことから、上限にそろえることになり、財政負担が多くなる。また、議場や各種委員会開催などの施設確保は定数特例から、さらに難しくなることが予想された。

このような波乱を含む当時の合併検討協議会（以下「検討協」という）の会長は、佐渡市町村会会長（石塚英夫赤泊村長）がなっており、難題、波乱の会議の取りまとめの苦労とストレスについて、その一端を紹介したい。

当時、赤泊村長室は役場２階にあり、旧新潟県庁議場入り口にあった重厚な木製のドアを譲り受け、村長室の入り口に取り付けてあった。

石塚村長が検討協が終わり赤泊村役場に帰庁し、そのドアを力強くドーンと閉める音がした時はイライラが頂点に達した時で、検討協で何かあったときのストレスのはけ口であることは、同じ２階にいる助役や総務課職員はよく分かっていた。そして、その日の夕方になると石塚村長は総務課に入ってきて「おーい、飲み会に行く人、この指とまれ」との合図がくる。

職員はすぐに近くの店を予約して、飲み会が始まるのである。その日に何があったかなどお互い話すこともなく、また聞きもせず他愛のない話で盛り上がり酒を飲むのであるが、村長の酒注ぎのうまさはすごいもので、職員はいつも最後酔っぱらってしまっていたと聞いたことがある。

協議会のまとめ役として大変だったのだろうなと、その苦労を思うばかりである。

議員の思惑

それぞれの市町村あるいは議員の思惑が交差する中、平成14（2004）年5月に開催された検討協において議員定数が合意された。

その内容は、合併特例法の定数特例を適用し、「合併後最初の選挙に限り定数を60人とする」と確認され、最終結論はこの後設置される、法定協議会に委ねられることになった。

一時は混乱したものの、平成15（2003）年1月7日合併特例法に基づく「佐渡市町村合併協議会」、いわゆる法定協議会（以下「法定協」という）が設置された（この段階では佐和田町は、任意協議会から離脱していた）。

法定協からは、各市町村から各1人の学識経験者が追加され、委員総数は27人となった。

その法定協で第4回の協議が、平成15年2月28日に開催され、議員定数が議題となった。これまでの協議においては前記の通り確認されていたが、学識経験者が新たに委嘱され参加したことで、法定協の雰囲気は変わりつつあった。

議員定数についてそれまでの協議は、検討協で3回、合併推進協議会（佐和田町の離脱後9市町村で設置）で2回協議し、法定協でもすでに1回協議され、今回で6回目の協議となっていた。

最終結論を得るまでに、8回の協議をしていた。それほどに議員の身分にかかわることであり、慎重に審議したということであろう。

通常各市町村は次回の協議題について、事前に首長と議会とで意見を調整し、その意見を協議会において主張し、協議終了後はその結果を議会に報告するというパターンが多かった。

6回もの協議を重ねると、ほぼ各市町村の考えが明確になってきていた。

・定数は30人でいくべき。選挙区は設けない。島内は1つにして気持ちを合わせる（両津市・学識経験者。以下「旧市町村名・学識」という）
・定数30人。緊張した議会であってほしい　（畑野・学識）
・定数は30人で　（羽茂、新穂・学識）
・定数は30人。選挙区はナンセンス。30人が不可能であれば特例の60人。それが譲れる

限度　（真野・学識）

・定数は30人。合併して力を合わせればよいのではないか。そのための合併である（小木・学識）

・定数は60人。最初の選挙は選挙区を設ける。周辺部への配慮が必要。議員のいなくなる所も出るのでは　（赤泊・学識）

これに対して議長側は「定数は60人、選挙区を設ける」の意見が多数を占めていた。この流れを聞いて「行政と島民との間に大きな隔たりがある。持ち帰り再検討を（両津・学識）と、あまりにも議員としての保身を露骨に主張したことへの批判が出てきた。さらに「定数を少なくして、合併後の財政負担を少なくする必要がある（畑野・学識）など、違う角度からも意見が出された。

市町村長からは「いろいろな意見を多くの人から検討してもらいたい、在任特例は必要だ」（相川）という意見に対しては、「合併後の財政負担を考えているのか。在任特例となると158人の議員になる。議員報酬はこのままで良いのか。報酬は一番高い方に合わせるのが常だ」（両津・学識）という対立意見が挙がった。

また、このほかに「拙速すぎてはダメ、合併後の姿を描く必要がある。それが合併協議会の役割である」(両津・議長)。「学識経験者から意見を活発に出してほしい。全員が理解するということは難しいと思う」(真野・町長)。「積み残しが多くあり、合併後の協調について不安がある。在任特例でなく選挙の洗礼を受けるべき。60人にしたのはそこにある。最初の４年間は選挙区設置を」(小木・町長) など、多様な意見が出された。

学識経験者が委員に追加されたことにより違う角度からの意見があり、今までの議論がより一層深まったように思えた。

小田初太郎法定協会長 (畑野町長) は、議長側の意見はほぼみえてきたが、委員全体の意見を収れんするには今日は無理があると判断し「会長調整案を出すので、次回までに検討してきてほしい。次回にはこの調整案により協議し結論を出したい」と提案した。

委員の方も意見は出し尽くしており、その意見をどのようにまとめるつもりなのか、会長の出方を注視していたから、もちろん同意した。

その調整案は「議員定数は定数特例により60人とし、選挙区は設けない」という内容であった。

この調整案を会長が発表すると同時に「調整案に反対、在任特例を主張する」(真野・

議長）。「調整案に反対」（小木・町長）。「調整案でよい、調整案に賛成」（羽茂・学識）などの意見が出た。

佐和田町が協議会から離脱した後、再加入の賛否を問う臨時の法定協が平成15年3月8日に開かれた。

合併後の庁舎を佐和田町に誘致することに失敗し、協議会から離脱した後、町長の辞職、町長選挙、さらに法定協加入の賛否を問う住民投票を経てこの日を迎えていた。

この議員定数についても、追加の議案として提案されていた。

佐和田町の法定協への加入については満場一致で認めることになった。

次の議題として、議員定数について提案された。8回目の協議である。いかに慎重審議とはいえ、どのような協議が行われていたのか、興味のあるところである。

委員の意見も、過去7回もの協議を経てほぼ色分けができていた。

議長は、

「会長調整案　定数60人で選挙区なし」（畑野・金井）

「定数30人で選挙区なし」（両津・新穂）

「定数60人で選挙区あり」（赤泊・羽茂・小木・真野・相川）

次に市町村長は、
「会長調整案　定数60人で選挙区なし」（真野・赤泊）
「定数30人で選挙区なし」（両津）
「定数60人で選挙区あり」（小木・羽茂）
学識経験者は、
「会長調整案　定数60人で選挙区なし」（両津・相川・金井・畑野・金井・新穂・小木・羽茂）
「定数60人で選挙区あり」（赤泊）
同じ意見の繰り返しもみられることから、会長はこの辺で結論を出したいと委員に提案した。委員からは、８回も審議すれば十分であるという意見が多く、採決をすることになった。委員は総数27人であるが、会長は採決には加わらず総数は26で、採決の方法は会長が出した調整案に賛成か反対かで行うことになった。

採決の結果、会長の調整案に賛成の委員が16人、反対の委員が９人であった。賛成、反対の合計が25人であり、総数に１人足りないがおそらくどちらの案にも意思表示をしなかった人であろう。

反対の委員は、定数60人で選挙区を設ける意見を主張した人たちであった。

佐渡市の将来を見据え都合8回の熟議の結果、一島一市の議員定数がようやくまとまった。

第5章2節　議員定数の考え

元佐渡市議会議員　小田　純一

一島一市による行政の効率化と、厳しい財政を抱える自治体にとって、魅力ある合併特例債という条件があるとはいえ、当初からさまざまな困難と混乱が予想されていました。

合併後の議会に課せられた責務は、
1. 寄木細工の材料の域を出ない、新市建設計画の組み直し
2. 離島の中に離島を作らない、地域を活かした島づくり
その手法として、地域審議会と支所の機能を強化・発展させ、自立した住民参加型地域づくりを広げること
3. 予測される人口減、高齢化を要因とする産業の担い手不足、医療、介護、環境の逼迫(ひっぱく)などに対する、長期的視点による政策
4. 将来の財政運営計画に基づく、合併特例債の活用と重複する箱物の統合等、行財

政計画

が考えられました。そのためには、選出地域よりも全島的視点を優先する議論が求められますから、全国区、定数30人でスタート（やがて定数20人台が予測可能）、との考え方が私の所属する畑野町議会の立場でした。

その後、法定協の場で学識経験者を含めたさまざまな意見があり、小田会長の調停案「定数特例による60人　全島一区」で妥協することになりました。

60人の議会は予測をはるかに超えて、各地域代表としての立場が優先し、全島的視点に立った議論や、同一方向での政策提言などは困難だったと思います。

結果「新庁舎建設」を巡る迷走に象徴されるように一島一市合併の理念に十分応えられず、後世に課題を先送りする悔いの残る4年間だったと思っています。

医療、介護、地域の担い手などへの方向性を示し、市民との協働での地域力を強化する中核的役割を新世代の議会に期待します。

第5章3節　議員定数決定までの動き

佐渡市議会議員　中川　直美

真野町における「議員定数決定までの動き」は、真野町議会だよりをみると平成14（2002）年4月16日開催の合併特別委員会で議論が進められていた。

議員からは、合併期日や議員定数も大切なことだが、町民にとっては、暮らしがどうなるかが重要であると、当時の髙野町長に問いただした。髙野町長は、市町村は混乱している状況でもあり議員定数については協議が進んでいない。期日などと並行し真野町としての考え方を決めていかなければならないという。

他市町村では、特例を使わない30人という意見もあるが、小さい町村のことも考慮し、最低でも60人の定数特例を使うように主張してもらいたいと進める。本間議長も最近の合併事例を見ても在任特例があるし、急激な変化が少ない方がいいという。

私は、在任特例の場合、最大で2年までだが、その期間が1年ならあまり意味がないのではないかと思った。

議会だよりの記録では、合併後の議員定数問題も大きな関心ごとで、「議員定数より町民の暮らしは」と見出しが書かれている。ただ、私の記憶では、議員定数よりも「合併してどうなるのか、真野町がなくなっていいのか」などが議論の中心であったように思う。

議員定数についての議論は進んでいなかったと記憶している。

旧佐和田町が合併協議から離脱していた時の合併協議資料を見ると、特例60人と特例なし30人の場合をシュミレーションしている。合併前の市町村議員は158人である。また、合併協議では、議員定数もさることながら、全島1選挙区にするかどうかの「選挙区」問題も焦点であった。

議員、議会には「全島的視野に立つ」ことが期待されている反面、旧市町村から議員が選出されない可能性がある場合、旧市町村の意見が反映されるかが論点となっていた。

選挙区を設けない場合には、全島的な視野に立った施策の推進が期待できる一方、旧市町村単位で議員が選出されない地域がある可能性があり、その場合は、議員を通じて住民の意見が反映されにくい。旧市町村単位の選挙区では、地域の細やかな意見の反映ができる。地域の特色を生かした施策の実現ができる。一方全島的な視野に立った施策の反映がされにくい。

10の市町村議会がなくなり一つの議会になることは、旧市町村から議員が選出できない場合もあるという問題と議員定数をどうするかは密接に絡んでいたように思える。

この議員定数問題は、各市町村の議会の議論より合併協議会での議論が中心であった。合併推進視点では、それぞれの議会で異論が出て合併協議が困難になっては困るという力が大きく働いていたのであろう。

２００４年の佐渡市町村合併から19年を経て、現在の議員定数は21人となっている。当時の議論で「全島的視野に立った」議員、議会が求められており、旧市町村の歴史や文化等を引き継いだ地域の意見反映が重視されていたが、現状をどう評価するかも、市町村合併の検証の一つではないかと思っている。

第6章　なぜ合併か

第6章1節　合併への誘い

編さん委員長（初代佐渡市長）髙野　宏一郎

佐渡を取り巻く環境

地方分権が叫ばれ、住民の日常生活圏の拡大や少子高齢化の進行、複雑多様化するニーズなどの対応からも市町村長自らの行財政能力を高めることが求められた。

平成11（1999）年7月開催の市町村定例会（以下「市町村会」という）において、①住民の生活圏の広がりに対応した街づくりの必要性、②市町村行政サービスレベルの維持向上の2点の理由から市町村合併の必要性を示す「市町村合併研究会報告書」が新潟県から提示された。

さらに、全国町村会から国に対して市町村合併問題については、地域住民の意思を十分に尊重し、合併を強制することのないように強く要望した旨の報告がされた。

その後、平成12（2000）年4月に新潟県から「市町村合併促進要綱」の策定に伴い、市町村合併は市町村の主体的な取り組みが必要であるものの、地域における合併議論を喚起するための参考や目安となる具体的な市町村の組み合わせを示した「合併パターン」を作成するとの話があった。策定に当たっては、住民の日常社会生活圏をもとに広域市町村圏域を基本に進められた。市町村会には、その後、数回にわたり市町村合併に関する資料が提示されてきた。

同年９月市町村定例会において、新潟県の方針も踏まえながら、まず各市町村の考え方をまとめてから取り組むことになった。平成13（２００１）年２月の市町村会で「新潟県市町村合併推進要綱」が示されたが、市町村長の勉強会を開催したらどうかという提案があり、３月14日に勉強会を開催した。その後３月の市町村会で、任意の合併協議会を発足してはどうかという意見があり、それぞれの思惑を持ちながらも協議が進み、一島一市に拘束されずとりあえず10市町村長で立ち上げ、問題点は必要に応じ検討することになった。

同年５月開催の市町村会で「佐渡市町村合併検討協議会案」が了承される。当面の窓口は「佐渡市町村会」として、各市町村の合併に対する意思表示を６月の市町村会までに明確にすることを確認した。

同年６月の臨時市町村会では、事前に行われた担当課長会議の要点が報告された。具体的な項目は次の通りである。①「佐渡市町村合併検討協議会」は法律で定められた協議会ではなく、あくまでも合併に向けて協議するという位置づけである。②事務局は関係市町村の職員をもって充てる。③合併担当課長と広域市町村圏組合の事務局長で構成する幹事会を早急に設置し、平成16年度をめどに事務作業を進める。④今後は、新潟県からの職員派遣についても要望していく。また、必要に応じて助役会を開催することを決定した。

その後に行われた市町村長と市町村議会議長との懇談会で「佐渡市町村合併検討協議会規約案」が了承され、役員についても会長・石塚英夫赤泊村長、副会長・齊藤和夫佐和田町長、渡邊和彦金井町議会議長、監事・本間權市新穂村長、小田壽畑野町議会議長に決定した。佐渡市における合併協議の始まりである。

平成12年4月1日地方分権一括法が施行された。

年々出生率の低下から、国の人口が急激に減少することが予想され、高齢化社会を見据え国の負担軽減を狙うと同時に、地方に権限を与え自らの知恵と汗で地域の活性化を図るような法改正が行われた。

要するに中小の自治体を整理することにより、膨れ上がっている国の赤字削減を狙うために、合併を強力に推進したわけである。

一島一市の起因と島内各首長の思惑

一島一市については、佐渡出身の山本悌次郎元衆議院議員が強く主張していたこと、さらに近藤元次元農林水産大臣もその意向だったことに起因するかもしれない。かなり昔のことであるが、大和地区の国道350号線沿いに、「佐渡を一島一市に　衆議院議員山本悌次郎」と書かれた看板が建てられていた。非常に印象深く今でも鮮明に憶えている。

しかし、島内では一島一市について、市町村長は積極的とは思えずむしろ、慎重になるべきという声が多く、各市町村の議会や行政の内部でも、さらには各業界の幹部たちも一島一市には乗り気ではなかった。

佐渡の一島一市には反対しないが時期尚早だ、合併するなら国仲地域と南部3町村などを先行すべきとの思惑が渦巻き、財政的なことを考えると合併はやむなしだが、ドラスティックな変化は望まない。さらに、両津市対郡部町村の確執も見え隠れしていた。

そんな中、佐渡選出の中野洸県議会議員は県の意向を受け、一島一市を主張していた。齊藤町長は国仲5町村の合併を主張していた時期もあった。小田初太郎畑野町長も齊藤町長の意見に近かった。その中で両津市は新潟市との合併や新穂、相川、南部の羽茂、赤泊との合併を模索していた。ただ南部の2町村とは折り合いがつかず、いつの間にか消えてしまった。

佐渡が一つになることで人口も多くなり、何かワクワク感がある反面、多くの公共施設の管理が必要となり、合理化もしなければならない。また、個人会社（家内工業）を経営している事業者になると、合併による経済効果がどのようになるのか不安であることと、大手企業の進出が多くなり、それに押されてしまう心配などもあった。さらには、島内にある中小企業の雇用者をもっと増加し、島内経済を盛り上げてほしいなどの声が上がった。

島の財政は大丈夫か？

国は財政の厳しさから、合併をためらう市町村に対し交付税を減額することをちらつかせた。

合併すれば1市分となる交付税を、10年間は合併前の市町村として計算した額を交付し、さらにその後5年間かけて合併後の額に減額させる案を提示。また、起債借り入れの返済条件を大きく緩和した合併特例債を提案した。

それは平成16（２００４）年3月までに合併する市町村にのみ発行を認めるもので、

その条件は行政を知る者にとっては喉から手が出るほどの内容だった。将来の財政悪化が予想されることから市町村長の心を合併に向けさせ始めた。最初、抵抗していた首長もさすがに好条件に揺らぎ始めた。国内では当時夕張市をはじめとする財政悪化市町村が話題となり、佐渡の市町村もご多分に漏れず財政の厳しさを、身に染みている状況だった。

佐渡市町村会長だった赤泊村の石塚村長も、最初は村の財政が他の9市町村に比べ裕福だったので合併問題には冷淡に見ていたが、交付税の減額が見えてくると合併推進に理解を示すようになった。今まで財政悪化を理由にあれほど反対していた、温泉掘削や下水道事業に熱心になっていった。

途中まで日和見だった市町村長も、国の有無を言わせぬ攻勢にいたたまれず、合併はやむを得ないとの意見も出始めた。

合併のメリット

①佐渡は一つというブランド効果

例えば、島内10の市町村は観光についてそれぞれ事業展開をしているが、残念ながら両津市や佐和田町では全国に届かない。また、佐渡観光協会があり、佐渡は一つとして佐渡の宣伝をしているが、各市町村にも観光課など自前の観光宣伝を担当するセクションがある。合併することにより一つの佐渡として売り込むことができる。

このことは、世界遺産登録や新佐渡空港建設などの大きなプロジェクトについても同じことで、佐渡は一つというブランド効果を持って運動を展開すれば、所期の目的は達成できるであろう。

② 住民生活の利便性

日常の生活圏ではすでに佐渡は一つになっている。このように日常生活においてはすでに垣根はないが、行政には垣根がある。合併し行政の垣根がなくなることで各地域の施設利用や窓口サービスなどが利用可能となる。

③ 高度な住民サービスの提供

住民の価値観が多様化し、行政に求められる機能も高度化するが、これに対し専門知識を備えた職員を確保することで専門的かつ高度な住民サービスが提供でき、また組織力が活性化することにより、さまざまな行政課題に対応できる政策能力向上につながる。

合併のデメリット

①今までは市町村ごとに設置された公共施設の管理者により、きめ細やかな対応ができ利用料などもそれぞれで決められていたが、合併後は当然のことながら全市一律となる。そのことにより利用料金や管理方法が異なり、利用者から不満が出る恐れがある。

②合併についての説明会でも指摘が出たが、合併後は人口の多い所に施設が多くできて人口の少ないところは、ますます少なくなるのではないか。それにより過疎化はますます進む恐れがある。

③これまで市役所や役場の周辺の商店、飲食店は少なからずにぎわっていた。議会をはじめとする各種会議では終了後必ず２次会が設定され、周辺の飲食店に流れ懇談する機会が多く、さらには３次会に隣の町まで流れることもあった。島内の各飲食店は各種会議や職員の懇親会を誘客の機会とばかりに待っているが、合併することにより議員数も職員数も減少し、人口も佐渡の中心部に集まり周辺の地域ではにぎわいが少なくなる恐れがある。

白熱する市町村間論議

佐渡の合併問題も回を重ねるたびに熱を増してきた。

当時、合併検討協議会の会場は各市町村持ち回りで開催されていた。真野町は秋のリンゴの収穫時に、赤泊村は紅ズワイガニの食べ頃になどなど、各地域の産物を昼食に食べてもらいたいという趣向でもあった。

8月はちょうど羽茂川で鮎の獲れる時季であり、その川原で400年も前から続けられてきた「鮎の石焼」は、羽茂の伝統的郷土料理である。そこで、早川一夫羽茂町長の肝いりで「お昼は鮎の石焼でもてなす」ということになり、会議は羽茂町が会場となった。

石焼の準備は一人でできるものではなく、一人当たりの経費も高額で、当日、早川町長は内水面漁業会の手伝いのほか、役場の若手女性職員数名と大総出で、朝から昼食の接待準備に取り掛かっていたのである。

しかし、お昼になっても「合併協議」は終わらず、この時とばかりに各市町村長の胸の思いをぶつけあっていた。特に庁舎の位置については結論の出ない議論が延々と続けられた。鮎料理の接待班は今か今かと会議の終了を待っていたが、午後2時になっても

3時になっても終わらなかった。お昼抜きで続けられ会議が終了したのは夕方であった。

昼食と夕食が一緒になってしまい、一の宮の「妹背(いもせ)」で「鮎の石焼昼食会」が行われた。室内は、朝からの空気とは一変し、アルコールも入ったこともあり、いつもの市町村長の顔に戻り、みんな和気あいあいと大変にぎやかな雰囲気となった。焼味噌の香ばしさと鮎のウルカ(肝)のほろ苦さ、何とも絶妙な味を醸し出す鮎料理を堪能しながらの宴席であった。

しかし、その宴席の様子が後日報道されると、ある議会では議員から、「誰の金で飲んだのか」と、費用負担と経費の支払いの追及に及び、つるし上げられることになった。

結局は、親分肌の早川町長がポケットマネーで支払いをしたのである。

誘いの後に

いろいろの難関を整理しながらも、佐渡一島一市への幕が開けられた。今思うとあの誘いが果たして正しかったのであろうか。そんなことも考えながらの執筆であったが、少なくとも当時の市町村長10人の判断は間違いがなかったと確信している。

平成の合併は歴史に残る一大事業であったが、その評価は後世におまかせしたい。

ここでは、合併後の思いについて述べてみたい。

○国の特別天然記念物トキと、トキと共生する農業

トキは明治になる前は、北海道を除く本州全域に生息していた。明治になると狩猟が解禁され、ピンクの羽の美しさに欧州夫人の帽子の飾りに輸出された。大正までに急激に数を減らした。

自然環境の下での繁殖は無理として一斉捕獲し、日本の野生下での生息はなくなった。昭和56（1981）年、中国の秦嶺（しんれい）山脈山中で7羽のトキが見つかり、その2羽が佐渡で飼育されることになった。

国のトキ野生復帰を果たすという閣議決定を受け、放鳥を繰り返しながら、今では見事に推定500羽近くの数になり、佐渡の上空に舞うトキの姿をあちこちで見ることができるようになった。

トキに関連し、米作りの件でJA佐渡は農薬について効率第一の営農指導を行っており、有人ヘリによる共同防除が盛んだった。しかし、トキの野生復帰を実現するには、環境にやさしい農業としなければならない。

画期的な有人ヘリ防除の規模縮小、停止を強く訴える者もいたが、現実味のない議論

は論外と無視されていた。トキが佐渡全島で生きていくためには、農家の考えを変えてもらって、昆虫や小動物などトキのエサが生きられる地域に変えなければならない。生物多様性に富んだエリアを用意することと、農家に納得してもらえる経済性を両立させる必要性が出てきたのである。このような取り組み方針に当初JA佐渡は猛反対、新潟県にも相手にしてもらえなかった。

佐渡市は一部のお米販売をJA佐渡に任せることをやめ、市独自の農法よる「朱鷺と暮らす郷づくり認証制度」を立ち上げた。そして、佐渡産コシヒカリのブランド米「朱鷺と暮らす郷づくり認証米」を販売することとなった。農薬を慣行農法に比べ5割減、かつ化学肥料も5割減にし、田に生物が生きられる水辺にしたのである。

トキの放鳥が全国に知られたこともあって、認証米は大変な人気となった。結果、認証制度の耕作面積も次第に増え、JA佐渡も協力することとなり「5割減」は島内一円に広がり、島内産のお米はほとんど特別栽培米となったのである。トキのおかげとはいえ生物多様性豊かな、驚くべき地域として全国的に認められた。

◯世界文化遺産登録へ ―佐渡島の金山―

佐渡島の金山は、「西三川砂金山」「相川鶴子(つるし)金銀山」の2つの鉱山で構成される世界文化遺産候補である。活動は当初は10市町村の足並みがそろわず、新潟県も動かすことができなかった。

佐渡は平安時代から金の出る島として知られており、この時から砂金の採取が行われていた。戦国時代には、島根県の石見から鉱山経営者が移住し、そして、江戸時代に入ると、鉱山を深く掘り、鉱石に含有される金銀やその他の金属を科学的、物理的に処理する技術が国外から導入された。

そのことで飛躍的に産出量が増え、相川鉱山で花を咲かせた。佐渡金山は当時世界では有数の金銀山として、江戸時代の財政を支え幕府の鎖国政策を続ける一助となった。その金山もやがて衰退し、時々の蘇生では復活できなかった。その後、明治になって欧米の技術で再生し、江戸時代に匹敵する産出量を回復し、近代日本の稼ぎ頭となったのである。

このような佐渡の金銀山の生産技術や、生産体制に関わる遺跡が良好に残っているのは、世界的に類をみないものだと言われている。

今後一日でも早く世界に認められ、文化遺産に登録されることを島民一人ひとりが願っている。

第６章２節　合併は市町村の集団自殺

元佐渡市議会議員　小杉　邦男

平成の大合併の名のもとに全国的に強行された市町村合併は、国の財政対策として推進されたものです。

佐渡の一島一市合併は、平成合併の優等生といわれた新潟県の構想をうのみにし、「合併すると今までよりサービスはより良くなります」「合併すると財政はより強固になります」とのうたい文句で島民への説明。議論は横に置かれて合併ありきで猛進したのが実情でした。

東京都の１・４倍の広大な面積を有する地理的条件のなか、旧10市町村で行われてきた地域サービスが保障されるのかと島民は大きな疑問を抱いていました。

結果は、当然ながら職員は削減されて地域の人的サービスは大幅に減らされて住民は不満を訴えているありさまです。

また、財政についても合併後どのようになるのか、島民の理解を得るに足る十分な資料を示しての説明、議論はありませんでした。案の定、合併後の財政は年を追って厳しくなりました。特に合併後19年を経た今日、地方交付税は大幅に削減されています。このことが平成の大合併といわれた国の政策目的であったのです。合併を選択した自治体は、国の財政対策にまんまと乗せられたのではないでしょうか。

今更言わずもがなの思いは致しますが、合併後の佐渡、特に周辺部の衰退を目にしますと、広大な面積から考えても合併議論のなかで、一島一市ありきの猛進ではなく島内3市町村くらいの合併も選択肢として議論するような発想がなかったのかとの思いは、今でも多くの島民の中にあります。

全国的には、合併すると交付税は削減されて財政は厳しくなり、住民サービスも削減せざるを得なくなることを見通して合併を選択しなかった自治体が多くあったのです。合併の提案者であったときの、小泉純一郎総理の地元神奈川県では合併は皆無でした。

最後に、平成合併の嵐が吹き荒れる中、合併に反対した数少ない首長として新潟県加茂市の小池清彦市長の言葉を記しておきます。「合併は、市町村の集団自殺です」。

各合併自治体の合併後の現状を見るとき、加茂市長の発言は言い得て妙な至言であったのだと同感致しております。

第６章３節　首都圏佐渡連合会も後押し

東京都・旧羽茂町出身　本間　慎

中川さんが佐渡の出身で、埼玉佐渡会というのがあった。その人たちが佐渡の人を集めていた。

その時に初代首都圏佐渡連合会長の池田正雄さんも来られ、埼玉だけでなく佐渡全体の会をつくろうということになった。

その時に首都圏佐渡会というのができた。会長が私で猪股さんが幹事長となった。そこで佐渡との連絡をする機会をつくろうということで、佐渡金井の能楽堂で第１回の準備会を開いた。

首都圏に住んでいる人たちが、佐渡はこうした方が良いなどと意見を言ったものだから、佐渡の首長からは、佐渡の人だって一生懸命やっているんだという発言があった。

批判ばかりするなという考えの首長が多かった。

首都圏佐渡会をつくるにあたって、佐渡の人たちが反対では困る。なんとか融合させたいというのが池田さんの考えであった。
そのような事で池田さんら4人の方が佐渡を訪れ、石塚会長や川口市長を訪問した。あまりいい雰囲気ではなかったが、髙野宏一郎真野町長も出席されうまくまとめてくれた。

この他におけさ会というのがあった。中央官庁に勤めている佐渡の人の集まりだ。また、旧市町村でそれぞれ郷土の会があった。それをまとめるのではなく、お互いが連絡を取れるような会をつくろうじゃないかということで、首都圏佐渡の連合会をつくろうという発想が生まれた。その時に会長を誰にするのかという話になった。

おけさ会の会合に私も呼ばれ、その会合に池田さんもおられた。池田さんは、佐渡出身者としては重鎮であり、私が池田さんを会長にという提案をし、会長就任の説得もした。

池田さんは国仲（金井町）の出身でもあり、国際状況など広い見地から物事を見ておられ、会長としては適任であると説得した。

池田さんそのものも郷土愛が強い方であり、みんなに言われたのであればやらなければならないだろうということで就任された。それで第1回首都圏連合会の総会が開かれた。

佐渡の各郷土会も、池田さんの就任に際して示された文書の趣旨に賛同してまとまった。ただ、赤泊村の郷土会が難色を示した。石塚赤泊村長は佐渡の町村会をまとめており、また中央にも顔が利き財源も豊富といっており、あえてそんなものに頼ることはないという考えも少しはあつたと思う。

連合会は合併を推進するだろう、赤泊村は財源があるから合併など急ぐことないということから、連合会との距離をとったのかもしれない。

せっかくの財源を、合併すると取られるという考えがあったのではと感じた。

新市の初めの方は素晴らしかった。新市のビジョンづくりなど、本当に積極的にやってくれた。佐渡市で佐渡戦略会議を立ち上げ、池田さんが初代会長になり佐渡汽船にいた戸田正之さん、東京藝大の宮田亮平先生、その他、佐渡出身の方を集めていろいろな意見を聞き、ビジョンをつくっていただいた。

佐渡はそれぞれの旧市町村の歴史と文化がある。それをまとめて一つにするということ自体無理がある。しかし一つの市だから、まとめなければならないところもある。そこが難しいところだ。一つ一つは非常に文化度が高い。

そのことをどうするかということが問題であり、それは連合会に加盟している団体を見れば分かる。

しかし、そのことがまたいいところでもあり、これが全部同じでは発展がないと思った。

※執筆者本間慎様は、令和4（2022）年12月11日にご逝去されました。生前中のご厚誼に感謝申し上げます。

第6章4節　郷土会と佐渡の合併

東京都・旧金井町出身　坂田　正通

私は世田谷に住んでいた。世田谷に世田谷佐渡会というのがあった。世田谷に馬事公苑というのがあり、そこで佐渡物産展を開いていた。その時に世田谷佐渡会に来ないかと誘われた。

そこに行ったら池田さんもいた。池田さんは「俺は三井物産をやめた。これからは佐渡のために尽くすんだ」と話していた。

池田さんが金井会の会長をされていた。

その頃は既に本間慎先生たちと佐渡に行き、合併のことなど話されていた。それから佐渡のことが気になりだした。世田谷には佐渡の人がいっぱいいた。区議の人もいた。

私も金井だから、池田さんにくっついてあちこちの会合に行った。

連合会の役員も池田さんの推薦だった。連合会の会合に行くと知っている人もいたりして、佐渡が急に近くなったような気がした。

そのうちに一島一市合併の話が出てきた。私は正直なところ、佐渡が一つになるのは無理だと思っていた。それぞれ文化が違うし、文化が違うとなかなか難しいところがあり、合併は難しいと思った。

しかし、池田さんは何をするにしても、佐渡は一つにまとまらなければだめだと言っていた。

池田さんは国際人でもあり、佐渡に対する情熱と人柄で、池田さんにみんなが付いてきたのではないか。

結果的にではあるが、合併をしてよかったと思っている。

ただ島民の気持ちはまだ、バラバラだと感じている。それにしてもよくまとまったと思った。まとまらないと力にならない。

第6章5節　合併後に期待

神奈川県・旧佐和田町出身　摩尼　義晴

私が連合会に入ったいきさつは、佐和田会の会長になれと言われたところからこの道に入った。

亡くなった当時佐渡東京事務所所長の本間厚君、それから末武君、藤本さんから長い時間説得された。

当時私はいろいろなことがあり、世間に出るのを遠慮し、他の誘いは一切断っていた。しかし、ふるさとのことであり、ふるさとの会ということになるとさすがに断り切れなかった。それが始まりであった。佐和田会の会長から、連合会の会長になった。

池田さんは平成12（２０００）年11月に会長になられ、そこから6年間やられた。池田さんの動きは特筆すべきものがある。池田さんなくしては、佐渡出身者の思いはまとめられなかったと思う。佐渡に対する思いは強いものがあった。

私は池田さんから会長就任を依頼されたが、会に対する明確な方向性は持っていなかった。後になって徐々に持ち得るようになっていった。

池田さんは連合会の組織をつくるときから、佐渡は一島一市という前提であった。佐渡は一つにならなくてはいけないと言っていた、と聞いている。

それが正当な考えだと思った。池田さんの考えははっきりしていた。

私は、郷土会として佐渡を見るということは佐和田会の会長になってからであり、それまでは明確な考えはなく白紙の状態だった。

ただ、こんなことがあった。

平成13（2001）年3月、佐和田町の中央会館で、新潟県東京事務所から講演を頼まれた。当時私は、第一勧銀総合研究所の社長をしていた。部下に佐渡についてどのように思うか教えてほしいと頼んだ。

返ってきたレポートには、佐渡はアクセスが非常に難しい、ほとんどないに等しい。相川や小木、両津へのアクセスはすぐに出てくるが、佐渡島全体のアクセスはない。

相川に行っても、次にそこから小木に行くためのアクセスができていないとの記載があった。

そのレポートも参考にして、佐渡は一つの強力な参謀本部で、統一したストーリーやコンセプトのもと、連携の必要性が求められるということを話した。

講演が終わり、齊藤佐和田町長と、同級生であり元新潟県議の中川秀平氏が私の慰労会をしてくれた。

その時に講演と同じ、各市町村のＰＲはあるが、佐渡丸ごとのＰＲはない、佐渡は一つにならないとだめだというような話をしたら、なるほどそうだなとうなずいて分かったと言っていたが、その二人とも今はいない。

第6章6節　合併推進派知事としての所見

元新潟県知事　平山征夫

私は当時、知事として平成の合併の旗振り役をしました。戦後の昭和28（1953）年の頃にも国が市町村合併を進めましたが、新潟県はその時は合併が進んでいませんでした。新潟県は平成の合併前までは、100を超える市町村がありました。100を超えるのは全国でも3県しかなく、その一つが我が県でした。

そのようなことから、今回の合併はある程度進めた方が良いだろうという考えでした。ただ、あくまでも地元の総意がまとまらなければ、無理強いをする気はありませんでした。

佐渡からはいろいろと優秀な人物が出ていて、新潟県全体に大きな影響を与え、佐渡が新潟県にとってどれだけ大事であるかと思っていました。佐渡が10市町村のままでいることと、合併するのとどちらがいいのか。このことは私にとっても重要な一つのテーマでありました。

例えば、観光をとっても10の市町村にそれぞれ観光担当課があり、それぞれが自分のところの観光宣伝をし、お互いライバルとなっていました。県としてはやはり観光課は佐渡市観光課として、一つになってやるべきだとかねがね思っていました。合併して佐渡は一つになって佐渡観光の宣伝をするべきで、合併のメリットの一つだと考えました。

観光は一つの例ですが、佐渡が一つになるとかなり大きなメリットがあると考え、合併について佐渡の市町村長と積極的にお話をさせていただきました。これが私の正直な思いです。

合併間際になって足並みが乱れ、まとまりきれないところもありましたが、最後は10市町村で一島一市となり安心しました。

ただ、合併後がっかりしたことがあります。それは、佐渡市になったけれども、すぐに一つの観光課にならなくて、相変わらず旧市町村ごとに担当者がいて、それぞれが前と同じように担当するということがしばらく続いていました。早く一つでやればいいのにとの思いで、見ていたことがありました。

知事のときに一番苦労したのは朱鷺で、死んだキンちゃんの後を中国から譲ってもらえるのかということでした。環境庁からこれは国の仕事だから県は手を出すなと言われていましたが、らちが明かない。やむなく環境庁には内緒で人脈をたどり、苦労してやっとうまくいってペアをもらえました。

このことは佐渡の観光にとっても、佐渡の今後にとっても、朱鷺が居なくなった島と、これから繁殖していく島とでは大きな違いだと思います。できれば早く飛行機を飛ばして一挙に関東、関西から来られる島にしたいものです。佐渡の持っているポテンシャルはまだまだ相当にあると思います。

佐渡観光についても、「食」とか「見る」とか「体験」など五つのジャンルをつくって、それぞれのジャンルに野口健さんなど5人のアドバイザーをつけて、5×5の25とおりの佐渡観光コースを設けて、東京に行って売り込もうと動き始めたところで、私も辞めてしまいました。

当時の佐渡振興局長をやっていた落田局長が熱心にやってはいましたが、その後がどうも続きませんでした。観光を中心とした佐渡・環境・朱鷺、それでコースをつくって人を呼ぶ。しかし、どうも私が描いていた合併後の佐渡の振興まではいきませんでした。

まあ、本当の意味で言うとこれからかなあと、考えています。

海外にはいくつものモデルがあります。いろんな意味の新しい職業ができて、製造業は少し無理かもしれませんが、レジャーを含めて、カルチャーを楽しめる島をつくれるのではないでしょうか。

合併してもすぐには成果が出ないでしょう。旧市町村が理解し合えるには10年はかかります。それからビジョンをつくって取り組み始めて10年。種まきして実をつけるまで30年くらいはかかるので、頑張ってもらいたいと期待しています。

合併後の佐渡（市町村合併そのもの）について

小木　村川　辰雄（50歳代）

平成16（2004）年に10市町村が合併し、「佐渡市」となってから19年が経過し、人口は約2万人減少となり、少子高齢化が進んでいます。

合併に際し危惧したのは、中心部以外の地域は衰退していくのではとの思いで、現実味を帯びています。また、合併により財政悪化の防止などを図ったが、思ったほど効果がないように感じます。

現在も、旧市町村の地域特有の考え方はやはり変わっていない面もあり、地域のエゴも感じられます。

行政以外では、私もまちづくり協議会活動に関わっていますが、各地域づくり協議会などにおいても人流増加・人口減少や経済対策、魅力の佐渡島の活用などを住民との対話に重点をあて、行政の施策に反映させるべきと思います。

私は、合併して諸事を大きな目線で見られるのは大切で、今後の佐渡市の発展を必ず目指して欲しいと思います。

合併の功罪

畑野　佐々木　秀昭（70歳代）

合併1年前に県庁を退職し、好きなことをやろうと考えていた矢先、当時の畑野町長から呼び出しを受け、地域興しのためにNPO法人をつくったので代表理事になれと言われた。県職員の大先輩なので断り切れずに渋々了承。それ以来、トキのえさ場づくりや小倉千枚田の復活に携わるようになった。

当時の市町村長はリーダーシップを持っていた。地域発展のことを今までは10人でやっていたのを、合併後は一人でやるわけだから大変だ。県職員として島外勤務が多かったので、合併については島内一丸となった地域振興ができるし、地方交付税の合併算定は10年後で、佐渡は交付税の係数上積みもあるし、心配ないか程度の認識だった。

ところが、合併直後の「三位一体の改革」による地方財源の削減、それに伴う新市建設計画や財政計画の見直し、行政改革による統廃合や民営化が進み、「これはなんじゃいな」ということになった。

地域自治会は、毎年千人も減る人口減や高齢化による活動も限界に達し、自主的活動組織も役員のなり手がなかったりして、解散があちこちで見られ、地域の活力もなくなっていっている。

高野市政では、全国に先駆けてのレジ袋有料化によるレジ袋の削減や、水稲の五割減による生物多様性への取り組み、光ファイバー網の敷設や情報ラジオの設置などの優れた施策はあるものの、財政難による行革優先で、地域振興においては市民との協働体制の確立を目指し、住民自治として自己決定・自己責任を図っていた。

市役所は行革の一環として、柱である市民との協働体制から徐々に手を引いたのが、現在の状況になったと言える。

甲斐市政の、廃止するはずのサービスセンターの存続と庁舎の建て替え、渡辺市長の支所・サービスセンターへの地域支援員の配置は、地域振興の方向転換をしてきたもので、大いに期待しております。

佐渡市民は、ぶつぶつ言うが市役所のやることには割と、素直に従っている感がします。市長はじめ、市役所職員が市民の目線に立った政策を実行すれば、きっと住み良い島に発展します。

地域は市と協働して知恵を出して頑張ることはもちろんです。

第7章　合併後の佐渡市は…

第7章1節　合併後の佐渡

編さん委員　熊谷 英男　本間 進治

とまどいから行動へ

「春雨や人の気配の薄き街」。この俳句は令和3（2021）年3月29日、新潟日報掲載の両津夷渡辺和弘さんの句だ。何か今の佐渡の現状を表しているようだ。あれから19年あまり、その後の佐渡市がどうなっているのか、この章では市民の声も交えて考えてみたい。

平成16（2004）年3月1日午前8時、金井本庁舎前において職員はじめ、県議会議員・合併協議会委員ら参列のもと佐渡市役所開庁式が行われた。同日、同時刻に各支所でも開所式が行われ、電算システムも稼動し、統一された行政システムで市民サービスが開始された。この日、人口70458人、世帯数25540世帯、職員数1726人であった。

佐渡市スタート時の本庁は、総務課・財政課・市民課・企画情報課・社会福祉課（社会福祉事務所)・環境保健課・医療課・農林水産課・観光商工課・建設課・水道課・会計課の12課体制で、ほかに農業委員会・選挙管理委員会・監査委員・固定資産評価審査委員会が置かれた。また、議会事務局は佐和田支所、教育委員会は旧両津市公民館に学校教育課・生涯学習課が置かれた。

本庁には両津から50人、相川28人、佐和田27人、金井79人、新穂15人、畑野17人、真野19人、小木10人、羽茂14人、赤泊10人、合計269人に新規採用職員を合わせた人員が勤務することとなった。

合併直後の職員は、合併による高揚した雰囲気の中でも今までと勝手が違うことに戸惑い、試行錯誤し、また、議論を重ねながら佐渡市としての行政運営に携わることとなった。

この佐渡市開庁式からさかのぼり、2月には旧各市町村でそれぞれ閉市・閉町・閉村式を行い、歴史を積み重ねてきたそれぞれの市町村との別れと、佐渡市の未来に希望を託す式典が開催された。

合併前、かつてどこの地区でも役場庁舎周辺の商店・飲食店は少なからず賑わっており、各課での忘新年会、人事異動の歓送迎会、行事の慰労会など、何かにと理由をつけた飲み会で街へ繰り出し、二次会・三次会へと流れて職員は英気を養い、飲食店やホテル・旅館は潤っていたものである。役場・農協・学校が飲み会の主役だ、とも言われていた。

今は、佐渡の広範に広がる職場に車で通勤する職員が多く、いきおい飲み会そのものの開催が減少している。また、職員数の減と宴会に対する意識の変化も相まって、なかなか職場がまとまり飲み会のため街へ繰り出すことが少なくなってしまった。

これは、職員だけではなく市町村議会議員も合併前は全市町村で158人いたものが合併後の選挙で一挙に60人となり、さらに次の選挙では特例がなくなり28人（法定30人）となったことも少なからず影響を及ぼしているのではないか。

合併後50日以内に行われた市長選挙で、髙野宏一郎前真野町長が佐渡市の初代市長として佐渡市の運営を任されたが、当初は、旧市町村の行政運営も方法があまりにも違うことに戸惑ったものと考えられる。

そんな状況でも佐渡市として進む方向性を模索し、建設計画の実施を目指しながら、一方では、離島であるが故の佐渡を全国に発信することに意を注ぎ、先進的ともいえるエコバックの導入、朱鷺と暮らす郷認証米制度の導入、佐渡金銀山の世界遺産登録を目指す活動、旧両津市から受け継いだ飛行場問題への対処など、多くの課題解決のために施策の策定と行動を行った。

地域格差の是正

合併４年後、「島の新聞」がアンケートを実施した。「合併後の佐渡一市を総合的にどう感じていますか」の設問に、①想像・期待どおり ②初めはこんなものだろう ③こんなはずではなかった の３項目について回答を求めた結果、佐渡市の中心部と周辺部では差が出ていた。全体では、①と②で56・８％と過半数を超えたが周辺部では49・３％、こんなはずではなかったと回答した人が若干増えている。地域格差という問題が浮上してきたように思う。合併による統一感が必要な部分もあるが、地域の個性を尊重した特徴ある発展を願う市民の声もよく聞くところである。

道路が整備され１人一台の車を持つようになり、休日には少々遠くても大型店へ買い物に行くのが楽しみとなった。島にいても本土と変わらない、量販店やドラッグストア・電器店などの大型店が国道・県道沿いにでき始めたのが、地域の商店街の衰退へとつながった。そして、どこの街の商店街もシャッター通りに。これは佐渡だけの現象ではなく、全国至る所で見受けられる現象である。人口減少は少子高齢化も相まって地域の活力低下につながる。

自然減はある程度やむを得ないとしても、社会減は今後の施策によって最小限に食い止めることが可能である。

では、合併しなかったらどうだったのか。両津、相川は行政区域が長く広範囲のため、保育所・学校・地区公民館など公共施設が点在し、その職員配置や施設の維持管理に相当の財政負担が伴う。加えて、国の補助金・交付金の減額、そして合併への誘いとして合併特例債を掲げ、いわゆる「アメとムチ」の仕業である。思い切った行政経費の縮減を図らなければ少なくとも行政区域の広い両津・相川は財政が行き詰まるのではないか、と思われた。他の町村も、行政需要は増大し人口減などの影響もあり財政的には閉塞感を感じていたのではないかと思われる。

このように、各市町村が合併へ踏み切る大きな契機となったのは、人々の行動範囲が広範囲にわたっていることや、佐渡としての広域行政の必要に迫られたことも要因であるが、当時打ち出された三位一体の改革により、市町村財政に及ぼす影響を危惧したことも一因と考えられる。

三位一体の改革は、地方分権のため国税から地方税へ税源移譲を行い、補助金の廃止・削減及び地方交付税の見直しを行うというものであったが、結果的には、国の財政再建に重点が置かれ、地方には恩恵が少なかったように感じられる。

そして、全国に合併をしない宣言をしたことで注目された矢祭町（福島県）は生き残れるか注目を浴びたが、今も健全に行政運営を行っており、全国的にも、平成の合併をしないことで破綻した市町村は見当たらない状況となっている。

合併後、地域格差を是正しようと旧市町村の区域ごとに「地域審議会」を設置し、地域住民の声を施策に反映し、きめ細かな行政サービスを目指した。それぞれ、インフラの整備、教育・福祉の充実、環境整備や「新市建設計画」の実現などを求め、各地域の実情に応じた施策の展開を市長に意見具申してきた。これは、各地域の特色ある施策を提案・実施できる可能性があるが、反面、限られた財源ではなかなか全てを賄うことはできなく、今後も集中投資とならざるを得ない状況が想定される。

以上、まとまりのない合併後の経過を述べてきたが、別立てで庁舎建設の動き、飛行場の経過、市民の反響などを掲載しているので、併せてご覧いただきたい。

新庁舎の建設　合併協定最後の遺産

編さん委員　齋藤　英夫

令和3（2021）年1月20日第一回の佐渡市議会臨時会で「佐渡市防災拠点庁舎の賛否を問う住民投票条例」が否決され、佐渡市の本庁舎建設が前を向いて進むことになった。平成15（2003）年2月の合併協議会で審議決定されてから20年の長い道のりであった。この先完成まで順調に事が運ぶか見守る必要があるとしても「合併後、新たに建設する本庁舎の位置は金井町千種沖とする」ことが日の目を見たことにまずは素直に喜びたい。

広大な市域で分散する本庁機能の集約は市民サービス、行政コスト削減からも必須の課題であり現本庁舎の周辺整備も含め、いくつかの案を検討するも最終的には現庁舎を利用しつつ金井保育園の移転、跡地での建設が最良の案でまとまった。

平成18（2006）年10月庁内機関で構成する検討委員会では本庁舎及び周辺整備についていくつかあった案のうち、現庁舎に隣接する北陸農政局佐渡農業水利事業所の移転を前提として、その場所に分庁舎を増築（鉄筋コンクリート造3階建て建築費約7億5000万円）することがより良いとしたが借地であるがため、議会各派代表者会議で反対が多く撤回した経緯がある。その後、紆余曲折を経て合併特例債期間内での建設は断念するとなったが、東日本大震災もあり合併特例債の期限が延長となり、平成25（2013）年再び本庁舎建設が具体化する。市民アンケートも踏まえ、現庁舎を活かしながら必要最小限の増設をすることとなった。

議会では加賀博昭氏が委員長を務める新市建設計画等特別委員会で平成26（2014）年3月に、新庁舎建設等基本構想の「現庁舎を活かしながら、必要最小限の増設をする」に加え、「現庁舎の耐用年数経過後は、新築庁舎のみで行政事務をできるものにすること」と意見をつけ執行部の方針を了とした。

早速、甲斐元也市長は、平成26年4月に外部有識者、市民団体の代表者などで構成する検討会議を設置し、7回の協議を経て基本設計を取りまとめ、同時に議会では、本庁舎等整備検討委員会を設置し審議を開始した。翌27年度から実施設計を行い28年度から工事の行程を経て、令和2（2020）年4月の供用開始に向けて平成28（2016）年3月議会での実施設計を伴う、関係予算の成立を受け、事務方は庁舎整備室を中心に体制を整えていた。

新庁舎の計画概要は、耐震構造を持つ鉄筋コンクリート造4階建て床面積概ね6000㎡、現庁舎と合わせ約9000㎡、事業費は約29億4000万円、主たる財源を合併特例債とするものだった。

ところが、平成28年4月10日の市長選挙で二期目を目指した甲斐元也氏は、日刊スポーツ新聞社社長の経歴を持つ三浦基裕氏に5482票の大差で敗れ、市長の座を降りることになる。三浦市長は6月議会で「新庁舎建設について市民目線での検証と検討を行う」と表明、9月議会では「新庁舎の建設は取りやめ、現庁舎をできるだけ活用する」との考えを示した。12月議会では本庁舎建設に関する住民投票条例の制定を求める直接請求について過半数の賛成があったにも関わらず再議に付したうえで条例は廃案となった。

多くの市民は、新庁舎が災害時の拠点施設として、また市民活動の公共サービスの拠点としての機能を発揮できるものと評価し期待していたが、「三浦市長は本来あり得ない本庁舎解体に理解を示さない議会に反発して現本庁舎を活用する方向」(平成28年9月2日付新潟日報朝刊)にかじを切った。

そのことによって、この議論は振り出しに戻り、議会機能や本庁機能の分散化が継続することになる。

三浦市政の施策は、地域の拠点として老朽化した両津支所や新穂、小木の行政サービスセンターの改修に力を注ぎ、図書館の併設や複合的な庁舎としての機能は発揮され地域力の向上に寄与した。他方、折に触れ、議会との軋轢（あつれき）がたびたび市民を悩ませ、平スキー場のリフト整備、文化財団の設立などは市民に歓迎される向きはあったものの度重なる予算の否決や二人副市長、部長制を巡る行政組織の改編、突発的な給食センターの民営化案などにより議会や市民との距離は少しずつ離れていった。

改選期を迎えた令和2年の市長選挙には現職を含む4人の立候補者の中で、行政経験36年職員生え抜きの渡辺竜五氏が一歩抜け出し、634票差で現職に競り勝ち市長の座についた。渡辺市長は、支所、サービスセンターを中核とした対話による地域づくりをはじめ防災の仕組みづくりなど六つの柱を掲げ、就任早々合併特例債を活用した防災拠点庁舎整備計画を打ち出し、議会審議を経た後、市内各所で市民説明会を開催した。合併特例債の対象となるためには合併後20年まで。佐渡市の期限は令和6（2024）年3月で、工事期間など逆算すれば時間はない。市民の反応は概ね賛成の意向ではあったが一部には、唐突に提案された建設案について、建設予定地の妥当性や2年前に約1億円をかけて整備した議会棟が無駄になるなど否定的な意見もあった。

再度仕切り直しの計画は、災害に強い持続可能な庁舎とするべく鉄筋コンクリート造

3階建て約5000㎡で分散化した議会、上下水道課の本庁機能を集約するものである。ただ、この計画には、現在、両津支所管内にある教育委員会関係の機能は含まれていない。このことが固定化され、新たな諍(いさか)いの種とならないことを懸念する。

平成15年10月3日「予定している佐渡市の新庁舎完成後は、議会・教育委員会等全ての関係部門を新庁舎に集約することを確認する」とした当時の市町村長の思いはかなえられていない。合併を目前に控えた9月25日、金井町役場で開催された市町村長会議では本庁、支所の人員体制や仮本庁舎となる金井町役場の改修経費約6980万円を10市町村で負担し、議会、教育委員会関係の改修費用は佐和田、両津で負担すること等で協議がまとまった。そのとき、中川修佐和田町長が「本庁舎に入りきらない部署をこのままにしておくと後世かならず異論が出てくる。皆さんどうだろう、新庁舎ができたら本庁機能を集約するんだという確約書を残すべきだと思うのだが」と市町村長会議で提起し全員が賛同した。合併時に策定した佐渡市新市建設計画には平成23(2011)年度から25年度までの3カ年で市庁舎及び周辺整備事業に合併特例債事業として総事業費23億円、鉄筋コンクリート造5階建て7000㎡の計画が計上されていた。

行政は、永遠であり、これが完成形というものはない。いつも課題を抱え、時々の情勢を見極め最良の結論を見い出す努力、姿勢を市民は期待している。新庁舎完成によって合併協定が完結したのではなく、この施設を核として、市民が集い、頼りにされる行政の集合体となるよう願うものである。

佐渡市合併から現在までの商工会について

佐渡連合商工会会長　本間　雅博

１市７町２村が合併し佐渡市となり、19年となります。合併に伴い、商工会も集約化を進めた県も多くあります。また、商工会、商工会議所も含めた集約化もあり、１行政区、１つの経済団体の推進が図られました。新潟県は商工会の役割として、地域振興事業もあり、当時の新潟県商工会連合会の会長も商工会は地域に必要であり、このまま集約化しないで、残していくという考えだったため、集約化は行いませんでした。ただ佐渡市では、商工会も集約化の検討をしてほしいと、研究会を開くようにとの話もあり、長野県へ視察に行った覚えがあります。長野県は商工会、商工会議所も含めた経済団体の集約化が進んでいることから、研修先になったのだと思います。研修を行い検討もしましたが、新潟県では商工会の集約化については行わない方針となったので、それ以後、集約化の話はでませんでした。

集約化しないことにより困ったことは、地域の祭りの事務局です。私の住む畑野の例ですが、安寿天神祭りは、以前は畑野町が事務を行い、祭りの会長は、畑野町議会議長、畑野観光協会長、畑野商工会長が持ち回りだったと記憶しています。議会も合併、観光協会も合併となり、また、畑野行政サービスセンターも人員削減となり、祭りの事務局を受けるのは、商工会しかないこととなり現在に至っています。

商工会に対する補助金についてですが、合併前は、商工会で必要な額を町に提示し、ある程度認めていただきましたし、車の購入などそのときに必要な購入資金についても、援助していただいたと思います。しかし、合併後は佐渡市の補助金も見直しとなり、今までのようにはいかなくなったと記憶しております。補助金について、最初は佐渡連合商工会に一括で入り、10商工会の規模に応じて、分配をされていました。その補助金も年々少なくなり、私もそのときに畑野商工会の会長に就任したばかりで、合併したのだから補助金の削減は仕方なく思い、何年間か経過しました。しかし、前年よりのマイナスが何年も続き、これ以上となれば、運営ができなくなるとの判断から、佐渡市長や佐渡市議との懇談会を開催するようになりました。そこで話し合いの結果、各商工会と佐渡市地域振興課でヒアリングを行い、商工会において会員数、巡回指導の数を考慮し、商工会ごとに補助金の額が示されるようになりました。そして、現在は補助対象事業費の3分の1が佐渡市からの補助金となっています。また、商工会においても、広域連携を推進し、業務の効率化も進めてきました。

最近の商工会ですが、平成の大合併から、19年たった今、新潟県において、商工会の集約化の話が示されるようになりました。現在の商工会は事業者数200未満の商工会が多く、活発な活動や部会活動も困難になってきていますし、経営相談内容の多様化、複雑化もあり、指導員1人では対応も困難な面もでてきました。そこで商工会を集約して組織規模を大きくすることで、指導員も複数人となり、解決できるのではないかという案となりました。佐渡島内の案としては、令和7（2025）年4月1日までに佐渡島内10商工会を4商工会にとの集約化案が示されています。現在各商工会で研究会を開催し、その意見を佐渡連合商工会の委員会で検討している段階です。商工会のさらなる向上を目指し、今後とも活動していきたいと考えております。

新庁舎建設について

真野　佐々木　克昭（70歳代）

市民の声を無視し、着々と佐渡市の新庁舎建設が進んでいる。現庁舎を改修し、さらに隣接して現庁舎の2・6倍規模の5000㎡の新庁舎を増築する計画だ。本来、現庁舎の耐用年数が切れる30年先に新庁舎を建設すれば良いものを、70％国が負担する「合併特例債」を活用し、市の財政負担が少なくて済むからと、また「防災機能が不十分、市民窓口が手狭、議会など行政機関が各地区に分散していて不便」などの理由を掲げている。しかし、これらは現行の本庁・各支所などの庁舎で十分対応できていて、多くの市民は不便を感じていない。千葉市では「行かなくていい。待たなくていい」市民窓口を目指し、在宅で手続きなど受けられるよう取り組んでいるという。近い将来、リモート化が進めば、在宅で各分野の手続きやサービスが受けられ、さらに大幅な人口減などを考慮すると、大きな箱物は不必要になる。新庁舎建設は建て替え時期の30年先の若い世代に任せるべきだと考える。

金庫番の回想

元赤泊村収入役　宮川　英夫

広域行政改革を旗印に平成の合併が施行され19年、光陰矢の如し、年月の流れは早いものである。合併の功罪を問われれば全国、県下の市町村で島内の同程度の小規模の町村が綿々営々と現在も独立存在し、コンパクトなきめ細かな行政運営がなされている現状を見ると複雑な気持ちを抱き、職務の立場上不謹慎な言葉ではあるが羨ましいのが本音である。旧赤泊村の基金の額は34億円、起債の残額は38億円とほぼ同額であった。予算規模は41億円、村税は2億3000万円、一時借入金は皆無で脆弱な財政力（指数0・16）の中で、村長の適格な政治と行政手腕による国県の補助金を最大限に活用し、職員は少数精鋭で叱咤激励を受け、健全財政を旨とし蓄積したものである。ただ当時の高度成長、バブル経済の追い風があったことが幸いしたことは否めない（合併直前では村の保有基金が42億円であった）。

多種類の目的基金の中で、昭和54（1979）年に緑化推進と交流人口を広める目的に募集し、島外在住の「ふるさとの森」会員から集めた出資金（一人当たり10万円）は当時の林業の市場低迷を見ると、いつかは返済をしなければならない時期が来るであろうと予感し、トラウマになっていたが、その時期に備えた条件付きの目的基金として新市に持ち込んであったため、先年その会員全員に返還された事を知り、ここに来て「金庫番」の役目がやっと放免された気持ちでホッとしたことが思い出される。

さて、話は変わるが私の地元、赤泊港は自然界がこの地に恵んでくれた宝で、本土と一番の至近距離（弥彦山の真向かい）にある。江戸時代に開け、紆余（うよ）曲折のあった両泊航路（奉行渡海航路と呼びたい）だが、今は残念ながら赤字を理由に平成の時代の終わりとともに航路は休止となってしまった。平成元（１９８９）年に国交省は全国の八港を歴史的港湾に指定したが、赤泊港はその内の一港に選定され、新潟県は港周辺を「いにしえの面影を残す史跡公園」として整備したのである。港から船のエンジンの音や汽笛の音、槌音（つちおと）などが消えてしまい、すっかり港周辺から賑わいがなくなって寂しい限りである。

そんな中、久し振りに小型のカーフェリーが港に着岸したが、神戸の船会社のフェリーだと聞いた。こんな船がまた就航してくれればと思いつつ、村が存続していれば、どのようなウルトラCで再開するだろうかと夢のようなことを想像してしまった。

私の住む地区でも人口減少が止まらない。この先どうなるのだろうかと不安が先に立つが、佐渡市には宝がいくつもある。その宝を磨き進めればきっと日本で一番住みやすく、人にやさしく、人の賑わいのある島になると確信している今日この頃だ。

合併を振り返って

元佐渡市議会議長　根岸　勇雄

この度、有志による合併誌を発行したいので感想を…という依頼がありました。『合併の光と影』とも言うべき事項ではないかと思い、寄稿いたします。

当時、一島一市のまちづくり・豊かな自然、誇り高い文化、活気あふれる新しい島づくり、というキャッチフレーズでありました。市町村の垣根があることによりサービスの違いがある事柄などを共同処理することにより、効率的な行政運営が可能になるなど、国として合併特例債を示し、強力に合併を推進したのでありました。

山積する課題を抱えながらも、平成16（2004）年3月1日に合併し、それから早19年の歳月がたちました。

1市9カ町村の合併以前の時代では、市町村会がありました。そこでさまざまな行政課題を協議する場があり、一部事務組合により共同処理するなど合併への道筋は形づくられてきました。

加えて、交通通信施設などの社会資本の整備も進み、人々の生活の距離感が一層近くなりました。島の人々も合併への受け入れがある程度整ったと考えていました。

合併後は、島の人々から「以前の村の賑わいがなくなってしまった」という声が、あちこちから聞こえてきます。やはり「おらが村の役場」という思いで、さまざまな人々の交流の場になっていたのです。議会、各種委員会、国県、各業者などの出入りがなくなりました。加えて、祭り、運動会、地区の行事なども統一、廃止されてしまったことで、地域住民の大事な交流の場を失い、活気までも失ってしまったことは残念でなりません。

当時の事務方が作成した合併の財政計画を思い起こしてみると、経費削減効果という試算が示されております。人件費、物件費、補助費に大幅な削減が出されており、人口減少の時代に沿って、効率的な行政運営ができることにより市民サービスの向上が図られるという、大きなメリットが生まれると認識していました。

そして、支所および行政サービスセンターを存続させることにより、東京都の約1・5倍の面積を有する佐渡市で、それぞれの地域特性を生かした地域づくりを進めることができると思います。

過疎化、高齢化が一層進行しており、税収、交付税などの収入減が避けられないと考えます。これからは、人口の規模に見合った行政、そして海、山、農地を生かした政策を進めてほしいと思います。島をつくる子どもたちに、大きな夢と希望を失わせないような行政の知恵と行動に期待を寄せるものであります。

最後に、合併に携わってくださった全ての方々に、感謝とお礼を申し上げます。

合併後の佐渡を思う

元羽茂町助役　中川　淳

平成16（2004）年、佐渡の市町村は合併しました。佐渡市が誕生して早19年になります。そして、この間市長も、髙野宏一郎さん、甲斐元也さん、三浦基裕さんと今は渡辺竜五さんとなりました。市議もまた選挙の洗礼を受けて、それぞれの思いを胸に佐渡を良くしようと活動してきました。

私たちは、当時合併すると佐渡は良くなる、合併しようと平成の大合併に踏み切ったと思います。

初代の髙野市長は合併早々に佐渡総合病院の建設を計画。さらに、新市の建設推進のために地域審議会を立ち上げ、市の事業の徹底を図ることや、また、市民の意見を聞くなどの対応をしてこられました。そして、「環境と文化の島づくり」を掲げ、トキとの共生「朱鷺と暮らす自然豊かな島、農薬や化学肥料を減らした認証米制度」や「世界農業遺産認定」にいち早く対応して島を一つにする効果につなげました。たぶん、合併メリットを市民に伝えることに、一生懸命だったと思います。そして、２期８年で市長職を退任したわけです。

髙野市長のあとの市長は、それぞれ頑張ってこられましたが、それぞれ１期で辞められました。本人たちもたぶん残念だったと思いますし、私たちも残念でした。私は、１期では自分のカラーを出すことはできないと思います。したがって、今後は２期以上市政を任せられるような市長になってほしいと思います。そのためには、市長には公約を果たすこと。言ったことは実行する。決めたことは早期に対応するように努めてもらいたいと願うものです。

合併後の市民の間には、これからの佐渡はどうなるんだろうと、不安を感じ、不平、不満が出てきています。市民は市長や議員に大いに期待しているのです。

佐渡市が掲げてきている事柄は

・佐渡は離島である。住民の足である航路の確保、飛行機の運行は、船便は

・少子高齢化、人口減少に対する施策は、対策は

・教育、文化、歴史、観光振興は

・伝統、芸能、島づくり、人づくり、佐渡の宝の掘り起こし。人生１００年時代の対応は

・世界遺産と島の活性化は

・医療、保健、福祉対策は
・農業、漁業、林業、商工業、新産業の推進は
・古民家、空家の利用、I、Uターン等定住促進
・ウイルスに対する対応は、気候変動等対策は
・自然災害に対する施策、危機対策
・デジタル社会に対する対応は
と、たくさんの課題があります。もう一度、この辺でみんなで考えてみませんか。

市は、この中から重点事項を整理して目標と計画を立て市民の理解を得て、まだ解決していないものを一つでも二つでも実行していきませんか。若者にも老人にも夢を持たせるようにしてみんながワクワクする佐渡にしていきたいものです。

それぞれの地域には特色があります。その特徴を見い出し地域の活性化につなげるようにしたいものです。

合併前に合併協には各市町村に地域の計画、政策を出させたと思いますので、もう一度その資料を検証し地域の課題として取り組むことも大切だと思います。地域が寂れては佐渡の振興にならないと思います。

さて今、佐渡の人口は5万人台です。このままでいくと3万人になるかも知れませ

ん。佐渡は自然の豊かな島で、山あり、川あり、海あり安心して暮らしよい島だと思います。でも、人がいないと寂しいです。

コロナ対応が治まり、佐渡の島が世界遺産登録となり、世の中が活動的になるとかなり変ってくると思います。動き出していくようになると思います。今こそ島一丸となって住みよい佐渡を目指して市長、市議、職員、市民一体で動くべきだと考えます。やる気のある若者を応援しませんか。魅力ある佐渡を創り出すために。

ここにきて佐渡の医療も逼迫(ひっぱく)してきたようです。抜本的な対策をとる必要があります。考えてみると将来に関わることばかりです。でも、大切なことばかりです。市長は、公的支援を大胆に打ってもらいたいと思います。市民への説明、理解も指導もお願い致したいものです。

危機への対応も、目先の事も必要ですが長期的な視点に立った議論を深め、対策を立てれば必ず道は開けると思います。

本当に課題は山積しています。みんなで取り組みませんか。

住みよい、にぎわいのある島にするためにやればできる。やらずにできることはない。

佐渡にいなくなった「朱鷺」は今佐渡の青空に4~500羽飛びかっています。一人の獣医師の力を得て佐渡のみんなで取り組んだ実績だと思います。

やればできる、佐渡は住みよい島なのだ！

終わりに私も90の歳を聞くようになりました。一緒にワイワイ議論し合って活動した青年団、農青連、そして10市町村のときの助役、町長、長く町村会長をやられた石塚町村会長をはじめ、多くの方がいなくなりました。今、仲間では真野の吉田覺さんと私だけです。これからの佐渡の発展を楽しみに時々一杯の会にお世話になり生きたいと思っています。

佐渡に住んで良かったと思えるまちづくりを

元佐渡市議会議員　末武　栄子

平成16（２００４）年3月1日の「佐渡市」誕生から、令和5（２０２３）年3月で19年となりました。

私は、当時相川町議会議員として、また商工会女性部の役員の一人として、合併推進のお手伝いをさせていただきました。

私が暮らすのは、海府海岸沿いに集落が点在する風光明媚な地域で、住む人は、その多くが小規模な農業と漁業に従事し、つつましやかに支え合って暮らしています。

合併により、市役所は遠くなりますが、合併推進に協力したのは、佐渡市が描く将来像に期待したからでもあります。

国仲から離れた周辺部では、少子高齢化が進んでいますが、それでも地域の伝統や文化を守ろうとする人々の、懸命な努力によって集落が維持されています。

しかしながら、日常生活における不便は否定することができず、交通インフラの基本となる道路整備は進んでいますが、周辺地域では、情報通信の高速化の実現を求める声が強くなっています。

民間の事業では、効率と利益を考慮しなければならないことは、十分理解できますが、過疎地域だからと言って、住民サービスまで過疎になるのは困りものです。

周辺部の地域を、特別に良くしてほしいと言うのではありません。

佐渡のどこに住んでも一定程度のサービスが受けられる環境づくりを進めていただきたいと思っています。

このままでは、一層周辺部の過疎化は進んでしまうでしょう。

国仲の人も周辺部の人も同じように税金を納めているのと同様に、あまねく公的、公共的なサービスが受けられるよう、とりわけ弱い立場の人に支援の手を差し伸べてほしいと願ってやみません。

佐渡に住んで良かったと思えるまちづくりのために。

第7章2節　佐渡から羽田へ　新空港の建設

編さん委員　親松　東一

ある晴れた秋の日、田の畔に腰を掛けながら稲穂を眺めていた。ススキの穂も風に揺れている。稲穂も負けるものかと、重い穂を揺らしている。「実るほど　頭を垂れる　稲穂かな」ということわざがあるが、なるほどその通りだと感心した。

ススキの穂は揺れても、すぐ元に戻るが、稲穂は重いため大きく揺れて、いつまでも止まらない。そんなことを感じながらふと上を向くと、上空に１本の白い線が目に入った。

その先を追っていくと、南西の空から北に飛ぶ飛行機が目に入った。この方角だと、北海道に行くのだなと思っていたら、さらに北東の方からも飛行機雲が見えた。

人間は空を飛ぶことに、幾多の挑戦をした。そしてとうとう金属の塊を、空に浮かせることに成功した。その塊の中に人が乗り地球を駆け巡る。

佐渡からもあの空に飛び立ちたい。そんな思いは、昭和32（1957）年6月、佐渡島内10市町村の協力のもと実現に向けて動き出した。佐渡に空港建設の方針が決定された。

佐渡が一つになって、飛行場建設に取り組もうという始まりであった。

その翌年、佐渡空港組合が設立され、ただちに陸上自衛隊の協力を得て、同じ年の10月に1000mの飛行場が竣工した。わずか4カ月で完成させたのである。

工事の早さたるや、このことを突貫工事と言わずして何と言えよう、起工から竣工まであっという間であった。

実はこの時のこの工事が、新空港建設のための用地取得に、大きく、大きく悪影響を及ぼしているのである。土地や家屋所有者の権利などは無視。思うほどに法線を定め、「そこ退け、そこ退けブルドーザが通る」で工事を押し進めた。後は出来高払いで、一方的な精算で終わったと、記されている。

そんな犠牲を強いて、建設の要望からわずか2年後の昭和34（1959）年9月、一番機が飛んだ。就航先はほとんどが新潟空港であるが、佐渡観光シーズン中の5月から10月の間、2年間のみであるが、東京羽田空港まで飛んでいる。富士航空（株）コンベアー240の、40人乗りであった。

その後、昭和60（１９８５）年に佐渡10市町村議会において、新空港建設要望を決議した。やはり、佐渡から首都圏直行便が必要であった。

これを受けて新潟県は、平成３（１９９１）年６月に新佐渡空港建設計画を発表。この計画発表の方法も家屋移転対象者の感情を害した。

「滑走路法線上の民家は移転してもらいます」と、いきなりの説明である。こんなやり方をされたら、誰だって面白くないであろう。前記の現空港建設時に行った、そこ退けそこのけのブルドーザ事件も重なり、ますます地権者の心証を害した。それから現在まで、延々と新空港建設に向けての取り組みが行われている。

それは新市にも引き継がれている。しかし、新空港の用地交渉が、思い通りには進んでいない。地権者との話し合いが、暗礁に乗り上げている。

新空港建設には、約３００億円という公共事業費が投下され、建設後は周辺施設も含めて数10人という雇用が見込まれる。さらに、空港周辺の環境が整備され、離島ならではの災害対策として空港が活用される。第１次産業だけでなく、第２次・第３次産業の生産物、物、人の首都圏直行など、多くのメリットが期待される空港。

しかしその一方、住み慣れた家、先祖からの土地を離す寂しさ。そして何よりも、現空港建設時における耐えがたき行政不信と、現空港建設時の強引さ。

そのような状況の中、一島一市の合併が行われた。

合併前は、佐渡市町村会で新空港建設に向けて費用を負担し、空港用地取得にかかる作業は、両津市と金井町が中心となり取り組んでいた。合併後はもちろん、佐渡市ということになるが、だからと言って残念ながら特効薬はない。

近年、現空港を活用して新路線就航が、始まろうとしている。「トキエア」(本社新潟市)、いわゆる格安航空会社（ＬＣＣ）で、新潟空港を拠点に佐渡空港の他、北海道、仙台、名古屋、大阪、さらに首都圏乗り入れを計画している。この会社の機体は、ジェットエンジンでプロペラを回す。

しかし、佐渡島民が希望する羽田空港は、プロペラ機は発着不可能とのことである。となると、成田空港になるのか。首都圏方面の乗り入れ先は、まだ確定していない。

現在就航しようとしている機体では、佐渡空港は滑走路が短いため、搭乗制限をして機体を軽くしないと、離・着陸できない。さらに、気象条件に左右され、良好な条件時でも30数人で、観光バス1台分のお客も難しい状況とのこと。

このことからすると、どうしても２０００ｍの滑走路を建設し、ジェット機が離発着できる新空港が佐渡に必要である。

佐渡空港から羽田空港まで、直行便の飛ぶ日が待ち遠しい。

佐渡市は「マイバック」先進地

編さん委員　本間　佳子

平成27（２０１５）年9月、国連において「持続可能な開発目標」（ＳＤＧｓ）が採択されるなど、近年の環境保護や循環型社会への国民意識の高まりから、国は令和２（２０２０）年7月「容器包装リサイクル法」（略称）」により、やっと「レジ袋有料化」が全国一斉にスタートしました。

ところが、消費者協会両津支部では「マイバック持参運動」を4半世紀も前から、全国に先駆けて始めていたのです。なんと先見性のあることでしょうか。

ここでは、佐渡市消費者協会の活動、とくに「マイバック持参、レジ袋ゼロ運動」を中心に紹介します。

佐渡の消費者協会は昭和45（１９７０）年3月、両津で会員数45名、島内初、県内で5番目の地区消費者協会として産声を上げました。その後、昭和51年1月佐和田、昭和53年6月畑野、昭和54年3月小木、平成10年3月に真野と、全島に各地区支部が設立され、佐渡市誕生3年後の平成19（2007）年に各支部が合併し、佐渡市消費者協会となりました。

消費者協会の主な活動の一つとして特筆すべきは、両津地区で消費者問題を学習する中、循環型社会の構築に向けてゴミの減量化に努め、レジ袋をもらわない「マイバック持参運動」が平成7年ごろから始まったことです。

役員手作りのマイバックを会員に配布するなど徐々に運動を広げ、市長との対話集会で「マイバック持参運動」を要望するなど、その大きな動きがついに市を動かして平成19（2007）年4月から、佐渡市が全国に先駆け全世帯にマイバックを配布するなど「レジ袋ゼロ運動」を展開しました。そして、平成21（2009）年4月、「佐渡市レジ袋有料化等の推進に関する条例」の施行にまで至ることができました。

市内の協力店や観光客にも呼び掛け、今ではマイバック持参率が80％を超えるまでになっています。

消費者協会の他の活動として、会報の発行はもとより、消費者に関する学習会・講演会の開催、島内外の消費生活に関連する事業所などの先進地視察や研修、寸劇による詐欺被害防止活動、食品ロス削減に向けた啓発運動、衣食住に関する各教室の開催、ＥＭ廃油石けん作り、リフォーム教室などなど、常に時代の先を行く活動に取り組んでいます。

佐渡市消費者協会両津地区は、このような50年余にわたり地道な活動が評価され、令和3年5月、消費者庁から消費者支援功労者表彰として「ベスト消費者サポーター章」を受賞しました。ほかにも、新潟県環境賞（平成11年）、（財）省エネルギーセンター環境優秀賞（平成12年）、佐渡環境大賞（平成23年）など多数の賞を受賞しています。

今後も、地球温暖化問題や特殊詐欺撲滅など、ますます幅広い分野での活躍が期待される、佐渡市消費者協会であります。

活かせ経験と知恵

編さん委員　熊谷　英男

「俺は今日、４打数３安打や〜」「俺は４の１」「俺はノーヒット」「いいな〜」と課長らの会話。頓知の利いた話で笑いを誘う課長。じーっと予算書を見つめ続ける課長…。そこへ突然「はあ〜…」と「佐渡おけさ」を唄いだす課長。

金井本庁舎から佐和田の議場へ向かう「囚人護送車」車内でのある朝の一コマ。「４打数３安打」とは、当日の各課長らにとって市議会議員の質問者数をいう。つまり今日の質問者は４人で、そのうち３人が私に質問するということである。

マイクロバスの車体の色がグレーなので「囚人護送車」と呼ばれていた。

その後、部課長が退職して数年。年々職員数が減る一方で、住民ニーズが増々高まる。「後が心配だなー」「俺たちが何か協力・支援ができないか」…かつての部課長たちが立ち上がった。と言えばかっこ良いが、実は「飲み会」が欲しかった一面も…。

そして平成23（２０１１）年７月２日、「佐渡市退職職員協力会」が畑野農村環境改善センターで産声を上げた。規約を定め、会長に元総務部長の齋藤英夫氏を選出、他に役員17人、歴代市長・副市長を顧問に、会員95人、年会費一人千円等々決め、歩み出した。

発起人の趣意書には、『年々減少する職員に対し、国県、関係機関及び市民からの行政需要は多様化、高度化し即効性のある対応力は発揮できにくい現状にあることを踏まえ、時間的にゆとりのある退職職員の持てる経験、知恵を有効活用したいと考えたところであります』とある。

では、どんなことに取り組んできたのか。佐渡市との連絡調整会議（役員のみ）を年数回開催し、市からの要請事項等を聞き意見交換を行ってきた。具体的に協力した例として、トライアスロン大会等スポーツ行事へのボランティア、各種統計調査の協力、地域清掃ボランティアへの積極参加、集落営農推進員・地域活動支援員の推薦・選任、水田転作確認作業、史跡の草刈り、地域防災リーダー研修への参加などなど。会員それぞれ自分に合った支援・協力である。他に、機関紙として広報紙を年2回発行。そして年一度、市内の主な施設、事業の視察研修。例えば、関集落の「かいふ発酵」の視察。相川の消防署と一体型の新支所視察。佐渡海上保安署の視察。西三川のキンちゃん本舗視察。大崎そばと鮎の石焼を味わう会。などが特に印象に残っているのではないか。もちろんその都度、会員相互の親睦会が盛り上がったのは言うまでもない。

ただ、残念なこともあった。協力会設立当初、市が支所・行政サービスセンターに保管されている合併前の文書・資料等の分類整理について、「職員と協力して支援したい」と申し入れてきたが、具体的な要請はなかった。また、災害発生時の応援協力態勢の確立、ということで再三にわたり市側と協議を重ねてきたが、とうとう双方の思いが合わず協力態勢をつくることができなかった。この事は平成30（2018）年5月30日の総会において報告されている。ただし、齋藤会長は「組織として協力できないとしても、佐渡市退職職員個人が持っている地域の災害情報を積極的に支所、行政サービスセンターに提供しよう」と訴えた。

そして令和2（2020）年5月7日、佐渡市退職職員協力会はその役目を終え、数々の思い出を残し、静かに幕を降ろし解散した。

両津商店街

両津　小池　仁（60歳代）

佐渡市の合併により、商店街を行き来する人が少なくなったことを感じている。この、往来する人の減少は、商店の経営を後継者へ託すことができないことによる店舗数の減少や、ネット社会における購買方法の変化などが一因とも考えられるが、一方では、両津高校がなくなったことや合併後に市の職員が少なくなったことも大きく関係していると思う。

また、当時の合併への動きは、市に対する国からの財政的な裏付けが今まで通り継続できるのかといった不安が大きく、そのため商店主も合併の賛否判断に迷う部分が多かったと思う。

今後は、活性化をうたっても、商店街だけではなかなか対応が難しい。商店街に活力を取り戻すためにも、人々の往来を取り戻す取り組みが必要と考えている。

エコバッグ

両津　渡邉　あすか（30歳代）

市町村合併は、私が観光業に就いていることもあり、その立場から見て、佐渡が一つになったことは、島外の人にとっては分かりやすくなったのではないかと思います。ただ、合併そのものについては、私自身当時若かったこともあり、特に賛成・反対といった気持ちを意識していませんでした。今は、合併後の状況を見て、私もシンプルになったことが良かったと思っています。

佐渡市で始めたエコバッグの取り組みは、多くの市民が抵抗なく協力し、続けてきたという印象があり、全国的にも先進的な良い取り組みだったと思います。

これからの佐渡市は、金銀山で観光を盛り上げるなどして、多くの人が集まり、交流が盛んな島になればと思います。

世界遺産

相川　池田　憲司（40歳代）

佐渡市合併当時は、高校を卒業し島外に進学していたため、合併して良かったか悪かったのかを考えることはありませんでした。

しかし、Uターンしてこれからの佐渡を考えた時に、佐渡金銀山を世界の人々に知ってもらう機会となる世界遺産登録のためには、佐渡市民の声と気持ちをひとつにして実現することを期待しています。

高齢者の福祉について

金井　仲川　昭子（40歳代）

平成15（2003）年4月、金井小学校の入学式に、保護者として出席していた私は、当時の金井町長が「あなたがたは金井町として最後の新一年生です」と子どもたちに話していたのをよく覚えている。平成16（2004）年3月1日、佐渡市が発足したのは、長男が7歳、長女が4歳の時だった。それから19年がたち、大きく成長した子どもの姿に月日の流れを感じる。

佐渡市は高齢者の福祉について、いろいろなサービスや、地域社会とのつながりの中で生きがいをもつための事業推進を行っているが、人口が徐々に減少し、令和12（2030）年前後には高齢者の人口が生産年齢人口を上回ると予想されている。その状況からすると、これらの支援をこれから先も維持することができるのかどうか疑問に思う。一人暮らしや高齢者のみの世帯が増加している中、それぞれのニーズにあったサービスの提供には関係機関との連携・協力体制の強化が必要不可欠である。また、たくさんのサービスがあっても、周知が足りず利用されないということがないようにしっかりと情報の発信をしてもらいたい。そして、高齢者のもつ豊かな経験と知識・技術などを生かして、地域社会で活躍ができるよう各種支援事業を推進し、世代を超えて地域社会が支え合うことのできる佐渡市であってほしいと思う。そして私自身も介護が必要な状態になった時、住み慣れた環境で、自分らしい生活を安心して送れることを願っている。

新佐渡空港の建設に期待する

金井　北見　啓樹（40歳代）

現在佐渡から新潟への移動は船で佐渡航路を利用する手段しかなく、冬季は特にしけによる欠航の心配をしなくてはなりません。また、所要時間が長く不便な思いを強いられている佐渡市民の声も多く聞きます。

しかし、佐渡に新空港が建設され空路を利用できるとなれば、時間の短縮などの利便性が図られ、佐渡市民にとっては大変ありがたいことだと思われます。

また、佐渡への観光客の誘致をはじめ、今後の佐渡の活性化にとって大きな力になることは、疑いのないことでしょう。

佐渡の伝統文化や佐渡金銀山などの歴史的遺産、そして朱鷺と共生する自然を我々が大切に継承していくための原動力としても、新空港が建設され、空路が整備拡充されることは必要不可欠であると考えます。

世界遺産

新穂　本間　栄（60歳代）

住民説明会では話題にもならなかった。

佐渡の金銀山は、「相川でしょ」と思っていた。今でも、そう思っている市民は多いと思う。また「観光関係の人がやれば」という雰囲気がまだまだある。世界遺産にはもう少し先だが、もっと佐渡全体で進めてほしい。

新穂銀山を外したことが残念。

まず、世界遺産になることが優先で、銀では石見銀山があるので仕方ないが、佐渡の鉱山史を考えれば、新穂銀山は重要な構成史跡である。国指定遺跡に追加指定されたので今後に期待したい。

佐渡市合併記念に寄せて

畑野　市川　佳恵（30歳代）

平成16（２００４）年に「佐渡市」が誕生した頃、新しい時代が始まるような楽しみな気持ちだったことは心に残っています。

私事ですが、長男が平成25（２０１３）年の小学校統合に関わりました。少人数からの統合で、新しい生活に対応できるか随分心配しました。

学校の統合前、子どもに対しては、統合してから一緒になる友達との交流、保護者に対しては説明会が開かれ、子どもの負担が少なくなるように、そして統合前の学校それぞれの特性を生かしていくことなど説明を受け、少しずつ不安が和らいだように思います。

統合後の新生活が始まり、初めのうちは元気に通っていた長男ですが、次第に疲れが見えてくるようになりました。それでも持ち前の社交的な性格で乗り切り、数カ月たった頃には心から楽しんでいる様子が見え、安心したことを覚えています。サポートしてくださった先生方には大変感謝しております。

改めて振り返ってみると、長男にとって今後の成長にもつながる貴重な経験だったと思います。少子化などにより、学校の統合はこれらも進められると思いますが、大切な子どもたちの気持ち、保護者、また地域の方々の願いを十分に反映した統合になることを願います。

最後になりますが、私は自然豊かな、人が温かい佐渡市が大好きです。すばらしい佐渡市のますますの発展を祈念致しております。

少子化について

羽茂　本間　真穂（40歳代）

私の子育てが始まった16年前は、同じ年頃の赤ちゃんや子育て仲間も身近にいました。

また、月齢ごとの乳幼児健診のほか、乳児期の予防接種も集団接種として南部3地区を対象に行われ、いつも同じような顔ぶれで集まることが多く、お互いの子どもの成長を喜び自然と仲間意識もできていきました。また、午前中は小木子育て支援センターに毎日通い、親子で地区を超えた多くのの仲間に恵まれました。

さらに、ママ仲間で「子育て世代の午後の息抜き場所&仲間作り」のために『マママパパサークルつくしんぼ』のサロンを立ち上げ、小木地区で南部3地区のママパパを中心に活動を続けてきました。最初の頃は皆でおしゃべりをするだけでしたが、赤ちゃん連れでいろいろなところに出かけると、他の活動団体からも声をかけてもらえるようになりました。同じ会場を利用していた健康推進協議会の小木健康推進員さんたちが、つくしんぼの活動時間に赤ちゃんの子守をしてくれたり、離乳食講習会をやってくださったり、森林ボランティア森人さんから木工教室や季節のイベントにお誘いをいただいたりしています。親子だけでは体験できない多くの経験ができました。子育て仲間の支えがあって、地域の温かい目の中で今も子育てができています。

また、佐渡市主催の各種子育て世代向けの勉強会に参加することで、子育て仲間が佐渡市全域に広がってきました。

佐渡で生まれる赤ちゃんは減少傾向。祖父母世代（昭和22年）は、年間約4300人。主人の世代（昭和50年）は、約1000人。令和元年は、約250人。地域によっては、赤ちゃんの姿が全くないところもあります。

私が、子育てを始めた頃ともだいぶ様子が違います。私は、これからも『つくしんぼ』の活動を通して、子育て世代の仲間作りを応援して、あたたかな世代交流も軸に活動したいと思っています。

これまでの自慢のこの雰囲気が佐渡市全体に広がって行くことを願っています。

ケーブルテレビについて

羽茂　山田　秀実（60歳代）

羽茂町には、農協が主体で昭和36（1961）年から有線放送が始まり、各戸にスピーカーボックスが設置されて、当初は農協や行政のお知らせなどの送り手のみの放送から始まりました。その後、伝達手段だけでなく、各戸別の通話ができる電話機能も整い、長らく有線放送が身近な存在として重宝されていました。

平成になり有線放送施設の老朽化や維持費などもあり、次なる住民への伝達手段は何か、これからはケーブルテレビだということで、協議会を立ち上げ協議の末に開局許可が下りて、平成11（1999）年4月にＨＣＮ羽茂テレビジョンが開局されました。

当初は、戸惑いもありましたが、家の茶の間で羽茂の様子や行事、保育所・学校の子どもの様子などが視聴できるということで、特に高齢者には、温泉とともに人気がありました。当時を振り返ると、羽茂には住民への伝達手段として放送というものが生活に溶け込み、共通理解として息づいていたように感じます。

今後、佐渡市においても各戸に設置されている情報伝達システムや現在民間で運営されている佐渡テレビジョンの役割は、ますます大きくなると思います。

合併後の佐渡（観光）について

小木　鈴木　弘子（50歳代）

合併後の佐渡について、良かった点と悪かった点を…と聞かれても、なかなか思いつかない難しい題材です。

私は現在、観光の仕事に従事しております。

佐渡が一つに合併して「佐渡市」となっても、末端の私たちには、特に変化があったように感じられませんが……。

今後、佐渡金銀山が世界遺産登録となったら、島内のいろいろな観光地の整備や、クリーン活動などにも力を入れて、全国・全世界の多くのお客様をお迎えする体制を強化していただけたらと思います。

合併のときの話

赤泊　五十嵐　幸雄（80歳代）

合併ということになりますと、私の父のことを思い出す。赤泊村は、小木派とか、羽茂派、真野派というグループに分かれていた。合併になると佐渡という市町村は、まとまりの悪いところだと思う。

私の身辺の経験として、私の父親が赤泊村の議長をやっていた。議長をやっているときに、割れているわけです。喧々諤々（けんけんがくがく）みたいな大騒ぎになったらしい。議長をやっていたために、両派の「いさかいにいろいろ挟まれていた」

あるとき呼び出しをくった。その日は寒い日で、そのためか路上で倒れた。そのまんま佐渡病院に運ばれた。佐渡病院に行くにあたって、私の長男が羽茂高校の教師をやっていたので、付き添って行った。長男が病院に着いたときには、もう虫の息だったという。

そんな意味で、なるほど合併というのは、死に目にも会えないような大騒ぎになるのだと思った。

感情的になっていたのでしょう。ですから少し、冷静になることが必要になるのではないかという思いがあった。

そういうところで、基本的には佐渡の合併は難しいところがある。10もあった市町村ですから、なかなかまとまるのも難しい。気質も違います。そのことがあるので、それだけ心配していた。しかし、それが見事にまとまって、こうして佐渡市としてやっている。そこにはいろいろな苦労があったことであろうが、よくまとめたものだ。

赤泊地区の地域審議会回想

赤泊　佐藤　義弘（70歳代）

合併から発足した「赤泊地区地域審議会」も平成26（2014）年3月、10年間の任期満了を持って解散しました。いま回想して見るとこの間で地区活性化の協議事項を審議していましたが、行政からの与えられた審議事項をただ審議するだけの会であったことは否めなく、委員自らの発想での活発な意見審議ではなかったのではないかと私は回想しています。

ただ、この反省から赤泊地区では審議会が解散した後、元委員や有志の地区民で組織した新たな「赤泊地域づくり協議会」を平成26年6月に発足し、地域を発展、活性化させるため協議、活動する組織を島内では最も早く結成し、現在も加入者の皆さんと活動中です。

支所の変遷と発展に一言

赤泊　本田　和子（50歳代）

周辺地区となる赤泊地域は佐渡市合併でどうなるのだろうと、不安になったことを思い出します。今まで通り役場へ行けば用は足せるのだろうか？　金井本所まで出向かなければいけない事はないのだろうか？と心配をしていましが、ほとんどの事が赤泊支所で大丈夫であったことを覚えています。合併当初は今までの役場が赤泊支所として存在し、支所職員の方も大勢いました。その後、支所が赤泊港近くの場所に移転して赤泊行政サービスセンターとなり、職員数も激減して寂しく思いますが、地域の行政サービスはできており現状やむなしかと思うこの頃です。赤泊地区も人口減少が止まらず一番の心配です！

エピローグ

この作品はテーマを6つに絞り、そのテーマに縁のある委員からペンを取ってもらいました。

最初は合併に絡む裏話を書こうと意気込んでみたものの、裏どころか思った以上に表も知らないありさまでした。

佐和田町において「わが町に新市の庁舎がこなければ、一島一市の合併の仲間から外れる」と離脱した後のエピソード、両津市においては、「合併可否の住民投票条例があるにもかかわらず、なぜ市民の意見を聞かないのか」、さらに「議会解散賛否の住民投票」など、また相川町や新穂村、羽茂町では「地名問題」などなど。本書を読んで「こんなことがあったのか」と思われる読者の方も多いのではないでしょうか。

例えば、市になる要件として人口が5万人以上のほかに、市街地の戸数（連たん率）が60％以上なければ、市になれないということをご存知だったでしょうか。

これは、例えば金井町から佐和田町の国道沿いに、全市の60％以上の戸数が集約していないと、市になる要件を満たしていないということです。

このようなことを初めてお聞きになる方もおられるのではないでしょうか。その要件が合併特例法により、平成16年の3月31日までに合併すれば、その必要を免れるのです。それこそが、合併期日を決める要素となってきたのです。

つまり、その期限を過ぎると両津市が入らないと市にはなれなくなる。結果、両津市に主導権を握られてしまうということにもなるのです。

そのようなことを思うと、この合併についてもう少し時間をかけて、丁寧な説明があっても良かったのではないかとの思いを持つ人も出てくるかもしれません。

佐渡市が誕生してからやがて20年になろうとしています。20年やそこらで合併の功罪について議論するのは早計でありますが、その間も、1万5800人の人口の減少（2005年・2020年国勢調査比較）になっています。

そのことが原因となるのでしょうか、商店街の衰退は目を見張るものがあります。さりとて、もし合併しなかったならもっと人口は減少するし、商店街はもっと衰退するのではとの考えもあることでしょう。

さらに、人口減少や商店街の衰退はおしなべて日本全国そのような傾向が強く、佐渡ひとつのみの問題ではありません。

本書は、合併するまでの過程についてを記したものであり、合併そのものについての評価は後世に委ねたいと思います。

第7章あるいはそのほかの章で、合併への思いや、合併に期待することなどについても原稿をいただきました。思いもよらない新型コロナウイルス禍に襲われ、編集会議も思うようにできず、発刊が予定より遅くなってしまいました。そのことにより執筆時と異なる事柄があるかもしれませんがご容赦ください。また、年齢については基本原稿受け取り時のものです。

皆様にはご多忙のところ快くお引き受けくださいました。おかげさまでここに発刊することができました。ご協力いただき誠にありがとうございました。

また、新潟日報メディアネットの羽鳥歩さんから多くのご指導をいただき、刊行することができました。この場をかりてお礼申し上げます。

「桜は見ている 佐渡市合併てん末記」編さん委員会

編さん委員長	髙野　宏一郎				
編さん委員	浅井賀康	宇佐美務	親松東一	熊谷英男	児玉　功
	齋藤英夫	佐藤一郎	末武正義	中川義彦	羽生満枝
	本間進治	本間道子	本間佳子	渡辺日出子	渡辺裕次

桜(さくら)は見(み)ている　佐渡市合併てん末記

2023（令和5）年12月2日　初版第1刷発行

著者・発行　「桜は見ている 佐渡市合併てん末記」編さん委員会
制作・販売　新潟日報メディアネット
〒950-1125　新潟市西区流通3-1-1
TEL　025-383-8020　FAX　025-383-8028
印刷・製本　株式会社　小田

ISBN978-4-86132-838-1